Roland R.
Geisselhart

So merke
ich mir
Namen und
Gesichter

Unter Mitarbeit von
Marion Zerbst

Delphin Verlag

»Phantasie ist wichtiger als Wissen.«
Albert Einstein

© 1988 Delphin Verlag GmbH, München.
Alle deutschen Rechte vorbehalten.
Umschlaggestaltung von Werner Rebhuhn, Hamburg
Zeichnungen von Antje Bahn
Fotos von Pit Brand und Martin Weltenburger
Redaktion: Marion Zerbst
Satz: Uhl + Massopust, Aalen
Druck und Bindung:
Clausen & Bosse, Leck
Printed in Germany. ISBN 3.7735.5398.6

Roland R. Geisselhart

Roland R. Geisselhart ist als Gedächtnistrainer Autodidakt. Das Buch des Amerikaners Harry Lorayne »Der schnelle Weg zum guten Gedächtnis« brachte Geisselhart schon in der Schule auf die Idee, sich intensiv mit dem Gedächtnis zu befassen. Im Lauf der Jahrzehnte – Geisselhart studierte nahezu alle Geistestrainingsarten der Welt – entwickelte er sein System des Gedächtnistrainings zur Perfektion. Er hat seine Methode in vielen Fernsehauftritten auch einem breiten Publikum demonstriert. Geisselharts Haupttätigkeit ist die Gedächtnisschulung des mittleren und oberen Managements bedeutender Unternehmen im In- und Ausland.

Die Videocassette zum Buch

Der Weg zum Supergedächtnis
mit Roland R. Geisselhart
Trainingscassette
DM 98,–

Der Weg zum Supergedächtnis
mit Roland R. Geisselhart
Trainingscassette für
Management und Führungskräfte
DM 149,–

zu bestellen bei:

Medien Service Hiltmann
Donaustr. 13, 7990 Friedrichshafen

oder

Geisselhart Team
Postfach 2904, 7990 Friedrichshafen 1

Inhalt

Einführung

Seit mindestens hundert Jahren wissen wir, daß das menschliche Gehirn ein Doppelorgan ist. Es besteht aus zwei identisch aussehenden Hälften, die sich aber in ihrer Funktion stark unterscheiden. Erst seit wenigen Jahren haben wir klare und gesicherte Erkenntnisse über die Arbeitsweise beider Hirnhemisphären – und vor allem über deren Zusammenwirken.

Vereinfacht zusammengefaßt, liegt in der linken Hirnhemisphäre das Sprachzentrum und in der rechten Hirnhemisphäre das sprachlose Bildzentrum. Die linke Hälfte, die vernunftbegabte Hemisphäre, ist der Sitz der Logik und arbeitet vorzugsweise linear. Sie registriert Einzelheiten, Schritt für Schritt, teilt in Ursache und Wirkung, hält sich an vorgegebene und festgelegte Strukturen und ist weitgehend abhängig von gespeicherter und organisierter Information. Sie registriert komplexe Folgen, zerlegt und seziert – weiß um das Wie.

Die rechte Hälfte, die phantasiebegabte Hemisphäre, ist Sitz des bildhaften Denkens. Diese Hirnhälfte arbeitet primär simultan. Sie registriert Informationen gleichzeitig und erfaßt komplexe Bilder, verbindet zu ganzheitlichen Gefügen, registriert emotionale Aspekte und Gefühlslagen, reagiert auf den Bildgehalt (auch von Wörtern und Sätzen), fügt zusammen – weiß um das Was.

Das bewußte und lebendige Zusammenwirken beider Hälften ist die Voraussetzung für optimale Kreativität und erhöhte Konzentration.

Wie kommt es, daß sich manche Manager mit traumwandlerischer Sicherheit richtig entscheiden, ohne begründen zu können, was sie dazu gebracht hat? Die moderne Hirnforschung hat nachgewiesen, daß erfolgreiche Führungskräfte Intuition und Logik halbbewußt zu einem kreativen Denkakt vereinen, daß sie also mit der rechten und der linken Hemisphäre ihres Gehirns arbeiten.

Auch wenn wir die großen Geister der Geschichte betrachten, können wir feststellen, daß es sich stets um Menschen handelte, die sowohl die Fähigkeiten der linken als auch der rechten Hirnhemisphäre zu nutzen wußten. Leonardo da Vinci und Einstein sind klassische Vorbilder einer solchen optimalen Gedächtnisschulung.

Das abendländische Denksystem steht an einem Scheidepunkt. In absehbarer Zeit werden mehr und mehr intelligente Datenverarbeitungssysteme Aufgaben der linken Hirnhemisphäre übernehmen. Um so mehr sind wir auf den kreativen Einsatz der rechten Hirnhälfte angewiesen. Und das nicht als Flucht oder Ausweg, sondern als optimale Ergänzung. Die oft zitierte Vision, daß der Computer bald wie der Mensch denken und handeln kann, ist völlig unbegründet. Größer ist die Gefahr, daß der Mensch wie ein Computer denkt und damit weit unter seinen Möglichkeiten bleibt.

Durch meine Methode des Gedächtnistrainings, »Braining«, wird Ihr bildhaftes Denken und somit Ihre Gedächtnisleistung und Konzentrationsfähigkeit ganz entscheidend verbessert. Mit spielerischer Leichtigkeit können Sie mit Hilfe dieser Methode schon nach wenigen Stunden beispielsweise dreißig Gesichter mit Namen und Fakten zur Person oder auch

10

unzusammenhängende Begriffe, Punkte eines Protokolls, einer freien Rede oder einer Einkaufsliste bildhaft speichern und jederzeit wieder abrufen.

Die Übungen versetzen Sie in die Lage, sich in dem scheinbaren Chaos der heutigen Informationsvielfalt und Informationsflut sicher zu bewegen. »Braining« eröffnet Ihnen eine ganz neue Dimension des Denkens und des schöpferischen Arbeitens. Konzentration und Kreativität sind Fähigkeiten, die in zunehmendem Maße jeder von uns benötigt.

Beide Eigenschaften sind trainierbar.

Der Einsatz der bildhaften Vorstellung zur Steigerung von Konzentration und Kreativität hilft in allen Lebenslagen.

Fähigkeiten wie Konzentration, bewußte Aufmerksamkeitssteuerung, individuelles Erfassen, Verarbeiten, Abstrahieren und Konkretisieren von wichtigen Fakten, visuelle Kreativität sowie Kombinationsgabe und Intelligenz lassen sich durch Training nachweislich verbessern.

Eine Lanze für die Phantasie

Phantasie steht in unserer heutigen, betont rational orientierten Welt leider nicht sehr hoch im Kurs. Abstraktes Denken herrscht vor. Doch gerade die Phantasie – konkretes, bildhaftes Vorstellungsvermögen, wie das Kind es besitzt – ist für die Erhöhung unserer Gedächtnisleistung und Konzentrationsfähigkeit von entscheidender Wichtigkeit. Entdecken Sie das verlorengegangene Reich Ihrer kindlichen Phantasie wieder. Verbessern Sie Ihr Gedächtnis durch bewußtes Denken in Bildern!

Schon seit über zehn Jahren befasse ich mich intensiv mit Gedächtnistraining und halte Seminare und Firmenkurse zu diesem Thema ab.

Das Grundprinzip, auf dem ich bei meinem Gedächtnistraining aufbaue, ist die Erkenntnis, daß unsere Fähigkeit zum fotografischen Gedächtnis in der Kindheit am besten entwickelt ist. Das sehen Sie ganz deutlich daran, daß Kinder beim sogenannten Memory-Spiel mit den kleinen Bildkärtchen jedem Erwachsenen haushoch überlegen sind.

Die Zeit, in der Ihr bildhaftes Vorstellungsvermögen, Ihre Träume und Phantasien noch wie in einem Märchenwald feenhaft dahinhuschten, diese verträumte Zeit war der beste Nährboden für ein nahezu grenzenlos funktionierendes Erinnerungsvermögen. Bei Kindern ist das abstrakte Denken noch nicht ausgebildet, sie denken in Bildern, lassen sich von Bildern beeindrucken und gefangennehmen. Darum war in jenen Tagen auch die Sonne beim Aufstehen am Morgen noch strahlender und der regenbogenfarbene Glanz des Tautropfens verheißungsvoller. Im kindlichen Denken liegt die Heimat unserer Archeypen, jener geheimnisvollen seelischen Urbilder, die C. G. Jung als die ursprünglichen Gestalter unseres Schicksals bezeichnet. Hier sind die ersten starken Eindrücke zu finden, die sich aus Märchenszenen und Karl-May-Romanen zusammensetzen.

Wann ist uns diese starke Beeindruckbarkeit, diese Fähigkeit zum Denken in Bildern verlorengegangen? Wann fand die Vertreibung aus dem Paradies des kindhaften Denkens statt? Und wodurch?

Diese Frage läßt sich leicht beantworten. Wann verliert das Kind seine überragende Fähigkeit, beim Memory-Spiel immer zu siegen? Das geschieht oft in der Zeit vom achten bis zum vierzehnten Lebensjahr und hängt direkt mit der Erlernung des Alphabets und der Schriftsprache zusammen. Je mehr unser Denken auf die Bedeutung von Buchstaben, Worten und Sätzen gelenkt wird, um so mehr kehrt es sich von der Phantasie, der bildhaften Vorstellung ab. Mit dem Denken in

13

der Schriftsprache verlieren Vorstellungskraft und fotografisches Gedächtnis automatisch an Bedeutung. Abstrakte Begriffe werden wichtiger als Bilder. Lernen wird zum erstenmal zur Anstrengung, obwohl es doch eigentlich ein Kinderspiel sein könnte. Die Anforderungen von außen steigen, der Leistungsdruck wird immer höher. Die Vertreibung aus dem Paradies ist vollzogen. Die Gedächtnisfähigkeit nimmt ab. Es ist jedoch ganz leicht, diese Fähigkeit des bildhaften Denkens wieder zu entwickeln. Sie müssen sich nur in die Zeit vor der »Vertreibung aus dem Paradies« zurückversetzen – Ihre Phantasie wiederentdecken.

Die Phantasie wird von den Menschen sehr unterschiedlich beurteilt. Erfinder, Künstler, Werbefachleuchte, Modeschöpfer, Designer und andere Menschen, die mit Hilfe ihrer Phantasie schöne und nützliche Dinge geschaffen haben, achten sie hoch. Andere, weniger kreative Menschen halten sie für unwichtig oder verachten sie gar. Einige unrealistische Schwärmer, deren Phantasievorstellungen jeglicher realistischer Grundlage entbehren, haben die Phantasie leider sehr in Mißkredit gebracht.

Tatsache jedoch ist, daß wir ohne Phantasie immer noch in unseren Steinzeithöhlen sitzen und uns gegenseitig entlausen würden. Phantasie steht am Anfang einer jeden Entwicklung. Die Welt braucht Leute, die mit Phantasie und Tatkraft ein schöneres und lebenswerteres Dasein für sich und ihre Mitmenschen schaffen.

Natürlich reicht die Phantasie allein dazu nicht aus – sie bedarf bewußter Steuerung. Phantasiebilder, die mit Logik gesteuert und in Richtung eines gewünschten Ziels umgestaltet werden, erreichen oft Genialität. Phantasie sollte stets mit bewußter Lenkung und tatsächlicher Anwendung im täglichen Leben einhergehen.

Bewußt gesteuerte Phantasie – das ist das Prinzip, auf dem meine Gedächtnistrainingsmethode beruht. Einige wenige Trainingsstunden genügen, um Ihre Phantasie wieder zum Leben zu erwecken und für die Anforderungen Ihres Berufs-

und Alltagslebens nutzbar zu machen. Wenn Sie Ihr Gedächtnis mit Hilfe »kindlichen«, bildhaften Denkens trainieren, werden Sie sich Daten, Fakten, Termine, Namen und Gesichter in beliebiger Menge und Zuordnung bald hervorragend merken können – und das unabhängig vom Alter. Sie müssen nur innerlich jung bleiben.

Ich habe in meinen Seminaren und Firmenkursen immer wieder festgestellt, daß – von wenigen Ausnahmen abgesehen – das Behalten von Namen und Gesichtern der schwächste Punkt des menschlichen Gedächtnisses ist. Nach meinen Erfahrungen merken wir uns am leichtesten:

- Bilder
- dann Worte
- als nächstes Sätze
  und erst als darauffolgende Stufe
- Namen und Gesichter.

Deswegen ist es am besten, das Gedächtnis- und Konzentrationstraining zunächst mit einigen ganz einfachen, fast kindlichen Grundübungen zu beginnen und, wenn Sie damit Erfolge erzielt haben, mit dem Namens- und Gesichtertraining fortzufahren. Das Wichtigste beim Gedächtnistraining ist, daß Sie langsam und schrittweise an die Sache herangehen. Das Gedächtnistraining, mit dem Sie sich nun befassen werden, hat sich in über 800 Seminaren bestens bewährt. Amerikanische Gedächtnisakrobaten, deren Erkenntnisse und Methoden mich zu diesem Buch inspirierten, haben sich an einem einzigen Abendauftritt im Fernsehen bis zu 200 Namen und Gesichter mit Adresse und Telefonnummer gemerkt. Das ist keineswegs geniale Begabung, sondern eine erlernbare Fähigkeit. Bei regelmäßigem Training von etwa zehn Minuten pro Tag können Sie mit meiner Methode Ihre Lerngeschwindigkeit verdreifachen. Durch die Intensivierung der Vorstellungskraft, das Denken in Bildern erhöht sich Ihre Konzentrationsfähigkeit ganz ungemein.

15

Das kommt Ihnen natürlich nicht nur beim Einprägen von Namen und Gesichtern zugute; Sie können diese Fähigkeit leicht ausbauen und in den verschiedensten Bereichen einsetzen – zum Beispiel beim Lernen von Vokabeln, bei der Vorbereitung auf eine Rede oder einen Vortrag, beim Einprägen von Wissens- oder Prüfungsstoffen aller Art. Dieses Training ist im Grunde genommen nur ein erster Schritt zu ungeahnten neuen geistigen Möglichkeiten. Betrachten Sie es als eine Art Treppenstufe zu noch weiteren und viel interessanteren Geistesleistungen, die latent in Ihnen schlummern und die Sie durch bildhaftes Denken wecken und entfalten können. Auch auf Ihr tägliches Leben und Ihre innere Verfassung wird das Gedächtnistraining mit Hilfe bildhaften Denkens sich positiv auswirken. Ihre Phantasie und Kreativität im Denken wird beachtlich zunehmen. Seit ich dieses Gedächtnistraining betreibe, verstehe ich das Leben, meine Arbeit und meine Mitmenschen viel besser. Ich bin flexibler geworden, und es gelingt mir leichter, mich aus althergebrachten, seit langer Zeit eingefahrenen Denkmustern zu lösen. Ich denke viel in Bildern, und es macht mir Spaß, meine Phantasie zu entfalten, auf neue, ungewöhnliche Gedanken und Vorstellungen zu kommen.

Diese Methode kann jeder erlernen. Beim Gedächtnistraining durch Bilder kommt es gar nicht so sehr auf den Intellekt, auf das verstandesmäßige Begreifen an; es ist lediglich eine Sache der Übung. Betrachten Sie dieses Buch bitte von Anfang an weniger als Informationsvermittlung, sondern mehr als eine Anleitung zum praktischen Üben.

Der Erfolg hängt zum großen Teil von Ihrer inneren Einstellung ab. Positives Denken ist sehr wichtig für die Erlernung einer solchen Methode. Vermeiden Sie negative Gedanken wie z. B.:»Ich habe nun mal ein schlechtes Gedächtnis«,»Ich kann mir Gesichter einfach nicht vorstellen«,»Das funktioniert ja doch nicht«,»Es dauert zu lange« usw. Prägen Sie statt dessen ganz bewußt eine positive Geisteshaltung aus, z. B.:»Es ist beinahe alles erlernbar«,»Ich versuche es einfach«,

»Ich werde auf alle Fälle etwas daraus lernen«,»Selbst kleine Fortschritte ermutigen mich«.

Ebenso wichtig ist Kommunikation. Sie werden das perfekte Gedächtnis für Namen, Gesichter und Informationen zur Person wesentlich leichter erwerben, wenn Sie gemeinsam mit einem Partner trainieren. Das gemeinsame Überlegen und Austauschen von Gedanken fördert die eigene Vorstellungsfähigkeit ungemein. Am besten ist es, wenn Ihr Partner sich ungefähr auf dem gleichen Gedächtnisleistungsniveau befindet wie Sie. Von entscheidender Wichtigkeit ist auch, daß Sie dieses Training ausdauernd und beharrlich durchführen. Suchen Sie Gelegenheiten zum Üben, wo Sie nur können. Das tägliche Leben wird Ihnen reichlich Möglichkeiten dazu bieten. Und haben Sie vor allem am Anfang des Trainings etwas Geduld und seien Sie nicht enttäuscht, wenn zuerst alles noch recht langsam geht und die Erfolgserlebnisse sich erst nach und nach einstellen. Das ist ganz natürlich. Nach zwei bis drei Stunden werden Ihnen die Übungen schon viel leichter und schneller von der Hand gehen. Die meisten Seminarteilnehmer sind schon nach kurzer Zeit über ihre rasch wachsenden Gedächtnisleistungen überrascht und erfreut.

Sie lassen sich auf ein Abenteuer ein. Das Abenteuer heißt: die Entdeckung Ihrer eigenen geistigen Fähigkeiten. Es ist immer wieder erstaunlich für mich, festzustellen, wie schon nach wenigen Übungsstunden phantastisch viele Fähigkeiten und Möglichkeiten des fotografischen Gedächtnisses erschlossen werden.

Und vergessen Sie nicht: Dieses Buch ist kein Lesebuch. Sie werden nur dann den gewünschten Erfolg erzielen, wenn Sie von Anfang an jede Übung wirklich *mitmachen* – sich Zeit nehmen, zum Bleistift greifen und Ihre Ideen aufschreiben.

Also dann: Viel Spaß beim Üben. Auf ein perfektes Namens- und Gesichtergedächtnis!

Der Knoten im Taschentuch genügt nicht

Jedem von uns ist es schon unzählige Male passiert: Jemand grüßt Sie auf der Straße, er kommt Ihnen bekannt vor, aber Sie wissen seinen Namen nicht mehr. Oder in einem Gespräch fällt ein Name, den Sie kennen, aber Sie können sich das Gesicht der betreffenden Person nicht mehr vergegenwärtigen. Warum ist das so schwierig?

Das Problem besteht darin, zwei Dinge, zwischen denen kein unmittelbarer logischer Zusammenhang besteht – Gesicht und Name – im Gedächtnis einander zuzuordnen. Wie man das bewerkstelligt, lesen Sie in diesem Kapitel.

Wer hat sich nicht schon einmal einen Knoten ins Taschentuch gemacht, um sich an etwas Wichtiges später wieder zu erinnern? Und hinterher fragte man sich erstaunt:»Wozu dieser Knoten? Woran sollte er mich erinnern?« Beinahe jedem von uns ist das schon einmal passiert. Der Knoten im Taschentuch reicht also nicht immer aus, um sich Wissenswertes zur richtigen Zeit wieder ins Gedächtnis zu rufen – vor allem, wenn wir uns mehrere verschiedene Dinge auf einmal merken müssen. Die Wissensvervielfältigung wächst, und gerade wegen zunehmender Verschleierungstaktiken kapitalkräftiger Berufssparten sind Informationen, die Sie gespeichert haben, oft von ausschlaggebender Bedeutung. Niemand kann sich heute mehr damit entschuldigen, ein schlechtes Gedächtnis zu haben.
Bestimmt haben Sie schon einmal das Wort»Assoziation« gehört. Assoziation heißt soviel wie Verknüpfung, Verbindung oder Verkoppelung zweier oder mehrerer Informationseinheiten. Das ist die Grundidee des modernen Gedächtnistrainings. Neues Wissen mit dem bisherigen Wissen zu verknüpfen ist die Grundlage der Gedächtniserweiterung. Wir brauchen immer eine schon vorhandene Information, mit der wir einen neu hinzukommenden Begriff verbinden, verknüpfen, also assoziieren können. Das ist ungefähr genauso, wie wenn ein Computer ein Zusatzprogramm erhält. Die neuen Informationen werden durch Drähte und Kommunikationsleitungen mit den alten Informationen verschaltet. Wenn wir uns an etwas nicht mehr erinnern, liegt das daran, daß wir diese neue Information nicht intensiv genug mit unserem bisherigen Wissen verkoppelt haben.
Unzählige Assoziationen sind bereits in Ihrem Gedächtnis gespeichert. Wenn Sie zum Beispiel das Wort»Urlaub« hören, denken Sie vielleicht an Ihren vergangenen Spanienurlaub. Bei dem Wort»Amerika« sehen Sie automatisch den kleinen Ort in Florida vor sich, in dem Sie Ihre Bekannte letztes Jahr besucht haben. Mit dem Wort»Bundeskanzler« assoziieren Sie auf Anhieb den Namen Kohl.

Häufig aber sind Sie auch gezwungen, neue Informationen miteinander zu verknüpfen, zwischen denen kein altvertrauter oder logischer Zusammenhang besteht. Zum Beispiel möchten Sie sich merken, daß die neue Firma, mit der Sie seit kurzem zusammenarbeiten, Fotokopiergeräte herstellt. Oder daß Ihr neuer Außendienstmitarbeiter Przewalsky heißt. In der folgenden Übung werden Sie lernen, solche scheinbar unzusammenhängenden Informationen miteinander zu verknüpfen. Es ist gar nicht so schwer, wie es auf den ersten Blick aussieht!

Übung

Verknüpfen Sie jeweils die beiden Gegenstände miteinander:

Socken	–	**Lampe**
Schuh	–	**Fenster**
Uhr	–	**Waschbecken**
Kamm	–	**Zimmerecke**
Hut	–	**Papierkorb**
Geldstück	–	**Zeh**
Taschenmesser	–	**Strümpfe**
Brieföffner	–	**Knopfloch**
Nagelfeile	–	**Hemd**
Kaugummi	–	**Knochen**
Radiergummi	–	**Kragen**
Geldbörse	–	**Gürtel**
Papier	–	**Pfeife**
Ring	–	**Nase**

Lesen Sie die Koppelungen ruhig mehrmals durch! Testen Sie nun Ihr Alltagsgedächtnis! Versuchen Sie, die Zweierkoppelungen, die Sie sich eben angeschaut haben, hier wiederzugeben. Das erste Wort ist jeweils genannt:

Socken   –   _____

Schuh   –   _____

Uhr	–	
Kamm	–	
Hut	–	
Geldstück	–	
Taschenmesser	–	
Brieföffner	–	
Nagelfeile	–	
Kaugummi	–	
Radiergummi	–	
Geldbörse	–	
Papier	–	
Ring	–	

Wie viele Richtige haben Sie? Im Durchschnitt merkt sich ein Mensch etwa sieben Koppelungen. Waren Sie etwas besser? Sie könnten ohne weiteres alle Koppelungen im Gedächtnis behalten. Ein Gedächtnistrainer sollte in der Lage sein, sich auf Anhieb etwa hundert oder noch mehr Koppelungen zu merken. Erschrecken Sie nicht! So ein Gedächtniskünstler hat System und Training. Auch Sie können bei einer guten, gewissenhaften Ausbildung durch einen erfahrenen Praktiker dasselbe und bei Bedarf noch sehr viel mehr schaffen.

Ich habe mich mit den Ideen und Erkenntnissen von Gedächtniskünstlern aus aller Herren Länder beschäftigt. Die im folgenden beschriebenen Trainingsschritte sind die Quintessenz daraus.

Wie prägt man sich solche Koppelungen ein? Die Methode ist verblüffend einfach: Man verknüpft die beiden Gegenstände durch phantasievolle Assoziationen – zum Beispiel: Der Strumpf hängt über der Lampe, der Schuh ist am Fenstergriff festgebunden, der Hut liegt im Papierkorb, usw. Stellen Sie sich diese Assoziationen möglichst bildhaft-plastisch vor, dann werden Sie später keine Schwierigkeiten haben, sich daran zu erinnern. Das ist bereits der erste Schritt in Richtung fotografisches Gedächtnis, mit dem man sich innerhalb kurzer Zeit auch Namen und Gesichter besser merken kann.

Ehe Sie Gegenstände in Gedanken verknüpfen, ist es eine sehr, sehr gute Übung, die Verknüpfungen *wirklich* zu vollziehen, so daß Sie sie dreidimensional vor sich sehen können. Erst wenn Sie diesen Prozeß beherrschen, ist der zweite Schritt möglich, ein Bild mit geschlossenen Augen in Ihrer Phantasie zu erschaffen.

Übung

Nehmen Sie einen Socken (es kann ruhig ein gebrauchter sein) und legen Sie ihn auf die Lampe. Jetzt setzen Sie sich davor und schauen Sie sich den Socken auf der Lampe hängend an.

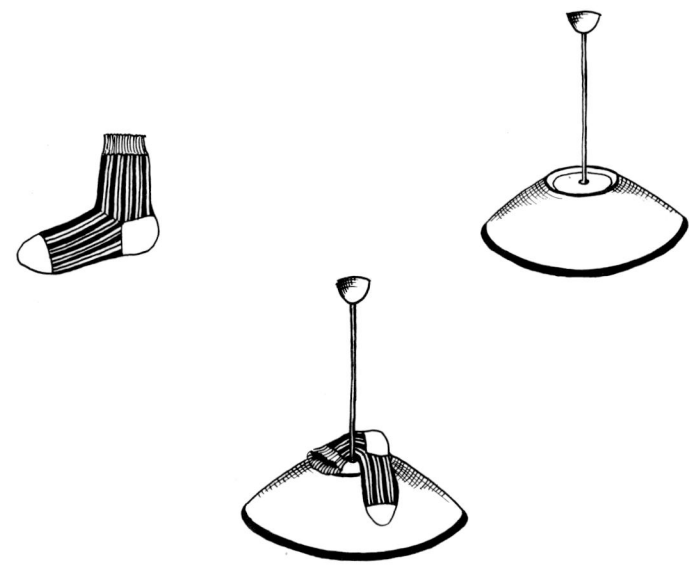

Ein ungewöhnliches Bild, nicht wahr?
Ja, so etwas sieht man nicht alle Tage. Und gerade das ist es! Die Dinge, die wir nicht alle Tage sehen, die etwas ungewöhnlich, außerhalb der Norm sind, die fallen uns auf. Normale, alltägliche Gegenstände und Vorgänge beachten wir fast gar nicht mehr, da sie für uns eine Selbstverständlichkeit sind. Dingen, die aus dem Rahmen fallen, schenken wir dagegen besondere Beachtung – sie bleiben uns im Gedächtnis.

Schauen Sie sich den Socken auf der Lampe noch einmal an. Nachdem Sie das zwei- bis dreimal getan haben, hat sich dieses Bild fest in Ihrem Gedächtnis verankert. Schließen Sie jetzt bitte die Augen. Und nun muß dieses Bild bei geschlossenen Augen in Ihnen erstehen, möglichst mit der gleichen Schärfe und Farbabstufung wie in Wirklichkeit. Sie sollten sogar in der Lage sein, Ihre innere Abfotografie der äußeren Wirklichkeit noch farbiger, krasser und gestochener in den Umrissen zu gestalten.

Nun die zwei nächsten Gegenstände:
Schuh – Fenster

Verfahren Sie genauso wie vorhin. Hängen Sie einen Schuh an den Fenstergriff! So zum Beispiel:

23

Seien Sie bitte bei diesem Training etwas ausdauernd, auch wenn Ihnen das nach einiger Übung gar nicht mehr so sinnvoll erscheint und Sie denken werden, Sie hätten den Vorgang jetzt ganz begriffen. Als Gedächtnistrainer kann ich Ihnen verraten, daß selbst erfahrene Gedächtnispraktiker nach zehn bis fünfzehn Jahren Training immer wieder auf diese Grundübungen zurückgreifen und bei diesen Grundtechniken ständig neue Verknüpfungsraffinessen entdecken. Es ist nämlich keineswegs gleichgültig, auf welche Art und Weise Sie die beiden Gegenstände miteinander verknüpfen. Es kommt darauf an, daß die Bilder möglichst originell, neuartig, auffallend oder lustig sind. Sie müssen völlig aus dem Rahmen des Gewohnten fallen. Denn je ungewöhnlicher sie sind, um so intensiver und leichter werden sie sich Ihnen einprägen.

Und nun versuchen Sie, Uhr und Waschbecken miteinander zu verkoppeln.

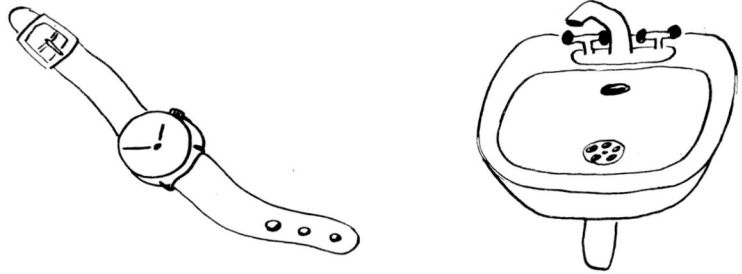

Anhand dieser Übungen erschaffen Sie sich ein inneres Reich, eine innere Welt. Wenn Sie erst einmal in der Lage sind, auf dem Thron der Phantasie und Vorstellungskraft zu sitzen und Bilder jeglicher Art hervorzubringen, können Sie auch Ihre äußere Welt und Ihr tägliches Leben interessanter und abwechslungsreicher gestalten.

Also, wie verknüpfen Sie Uhr und Waschbecken?

Was für eine Lösung haben Sie gefunden?
Schreiben Sie Ihre Lösung hier nieder.

_____

_____

_____

_____

_____

_____

Gut so! Ich habe in Gedanken die Uhr in ein Waschbecken gelegt, in das langsam Wasser hineinplätschert. Und ich habe mir die Uhr ungewöhnlich groß vorgestellt – so bleibt das Bild besser im Gedächtnis.

Sie könnten sich zum Beispiel auch vorstellen, daß Sie Ihre Armbanduhr am Waschbeckenrand liegenlassen haben.

Nun verknüpfen Sie auf möglichst ungewöhnliche, originelle Weise Kamm und Zimmerecke.

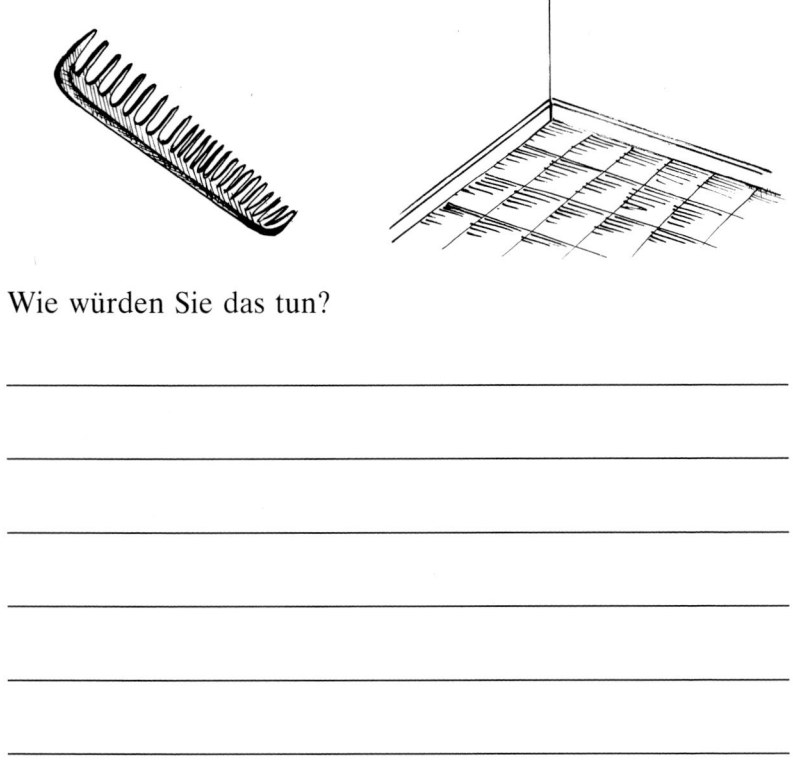

Wie würden Sie das tun?

_____

_____

_____

_____

_____

Was für eine Lösung haben Sie gefunden?

Ich persönlich nehme bei dieser Aufgabe den Kamm aus der Tasche und beginne, die Tapete in der Zimmerecke zu kämmen, bis man das Kratzen so schrill im Saal hört, daß einige Zuhörer zusammenzucken, ähnlich wie beim Quietschen der Kreide auf der Tafel. Oder ich biege die beiden Enden meines Plastikkamms so zusammen, daß sie sich berühren. Der Kamm ist jetzt so gebogen, daß ich ihn in die Zimmerecke drücken kann und er für kurze Zeit dort festgeklemmt ist, bis er nach einigen Sekunden unter enormem Druck wieder aus der Ecke herausschnellt.

26

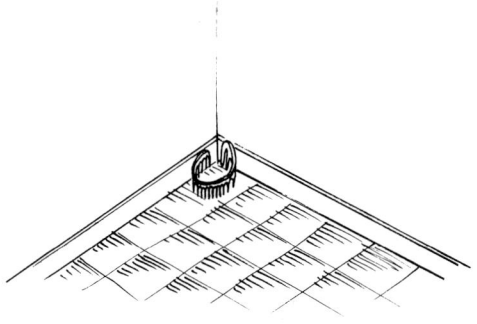

An den letzten beiden Beispielen haben Sie bereits eine wichtige Grundregel der Assoziationstechnik gelernt:

Je bewegter Ihre Bilder sind, desto besser prägen sie sich ein. Lassen Sie die Gegenstände lebendig werden, durch die Luft fliegen oder miteinander streiten. Stellen Sie sich die Dinge nicht nur visuell, sondern auch akustisch vor (das plätschernde Wasser, das schrille Kratzen des Kamms).

Lassen Sie sich nun mit Hut und Papierkorb etwas einfallen:

27

Nehmen Sie die erste Bildverknüpfung, die Ihnen einfällt!

Die erste Vorstellung ist meistens auch die beste. Zumindest für Sie, denn sie entspricht Ihrer individuellen Eigenart am meisten, also wird sie Ihnen auch am ehesten im Gedächtnis haftenbleiben.

Soll ich Ihnen verraten, was mir eingefallen ist?

Nun, als alter Gedächtnisakrobat habe ich mir einen Menschen vorgestellt, der statt eines Hutes einen Papierkorb auf dem Kopf trägt.

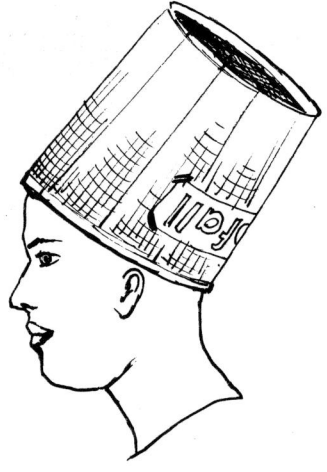

Das ist übrigens eine sehr hilfreiche Methode, mit deren Hilfe sich zwei Gegenstände besonders einprägsam miteinander verknüpfen lassen. Ich nenne sie die *Austauschmethode*. Hier übernimmt ein Gegenstand die Funktion eines anderen. Der Papierkorb wird als Hut verwendet.

Noch einprägsamer wird das Bild, wenn Sie sich den Papierkorb auf dem Kopf des Mannes überdimensional groß vorstellen – der arme Kerl bricht fast unter der Last zusammen. Oder: Der Mann trägt einen ganzen Turm ineinandergestapelter Papierkörbe auf dem Kopf.

Hier haben Sie schon wieder ein weiteres wichtiges Prinzip der Assoziationskunst gelernt.

Übertreiben Sie in der Größe oder in der Anzahl der Gegenstände, die Sie miteinander verknüpfen sollen. Stellen Sie sich die Gegenstände besonders groß oder in hundertfacher Ausfertigung vor, dann wird Ihr geistiges Bild noch ungewöhnlicher und somit auch einprägsamer.

Vergegenwärtigen wir uns noch einmal die Grundregeln des Verknüpfens, die Sie bis jetzt gelernt haben:

Möglichst ungewöhnliches, originelles Bild

Bewegung

Größe

Anzahl

Austauschmethode

Übung

Alles klar? Gut. Und jetzt versuchen Sie, die folgenden Gegenstände mit Hilfe dieser Methoden zu verknüpfen:

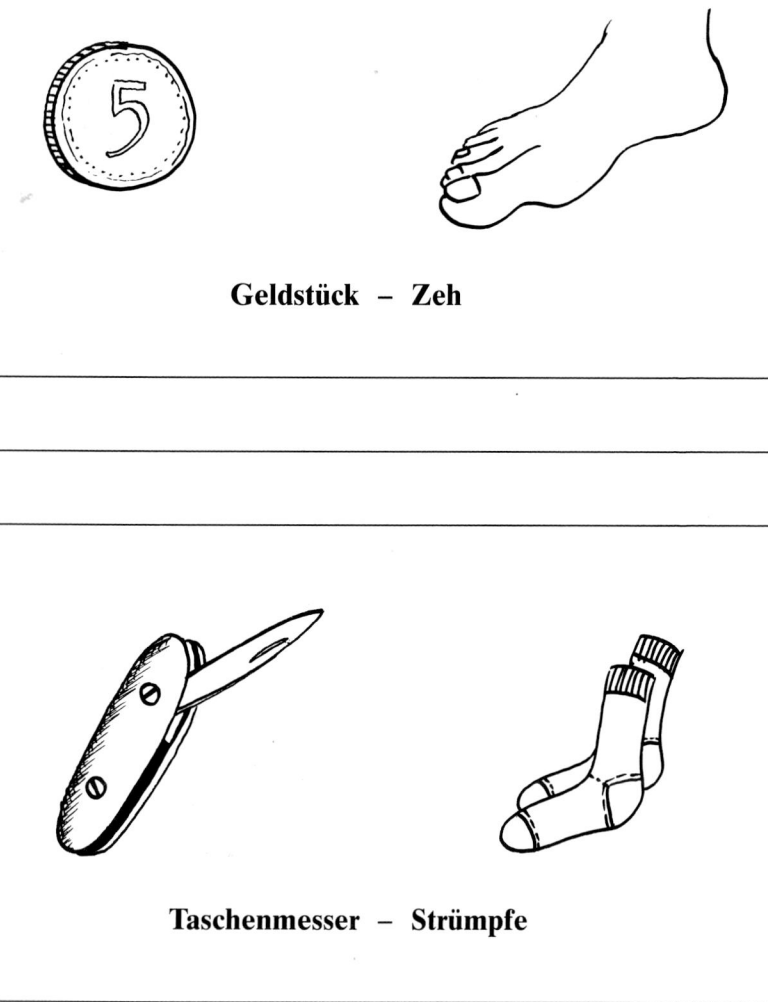

Geldstück – Zeh

_____

_____

_____

Taschenmesser – Strümpfe

_____

_____

_____

Jetzt brauchen Sie meine Hilfe gar nicht mehr; es gelingt Ihnen inzwischen schon ganz von allein, originelle Verbindungen, Kombinationen und Koppelungen zwischen den beiden Gegenständen herzustellen. Sie sind auf dem besten Weg dazu, ein Assoziationsgenie zu werden!

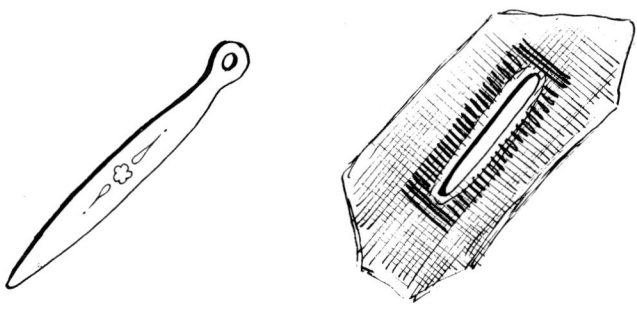

Brieföffner – Knopfloch

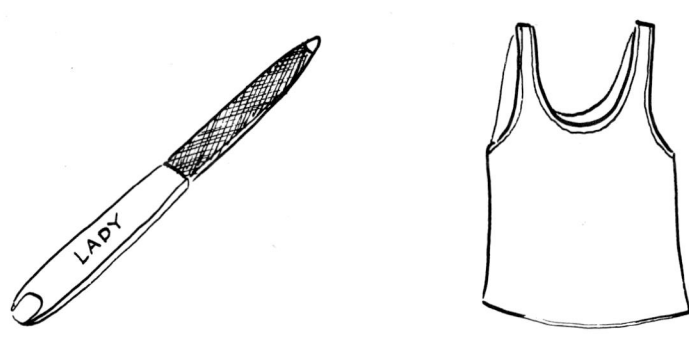

Nagelfeile – Hemd

Die Kombinationsmöglichkeiten sind nahezu unbegrenzt. Doch damit Ihnen immer wieder etwas Neues einfällt, dürfen Sie gar nicht erst anfangen zu *überlegen,* was Ihnen noch einfallen könnte. Das dauert zu lange. Sie sollten vielmehr Ihrer kindlichen Spontaneität und Ihrem künstlerischen, bildhaften Vorstellungsvermögen freien Lauf lassen.

Dabei haben Sie um so mehr neue Einfälle, je intensiver Sie den Boden der Realität verlassen und auch einmal in Richtung Märchen, Träume, Phantasien und Science-fiction denken. Lassen Sie Ihre Gedanken also einmal ganz bewußt über die Grenzen des Alltäglichen hinausschweifen.

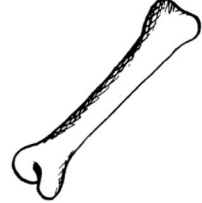

Kaugummi – Knochen

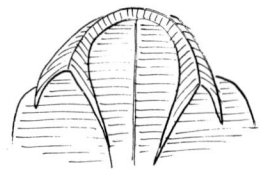

Radiergummi – Kragen

Wir haben die Anzahl der Zeilen auf zwei verkürzt, weil Sie inzwischen sicher schon in der Lage sind, kürzere und prägnantere Verknüpfungen herzustellen.

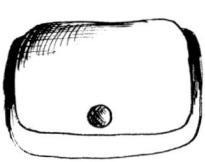 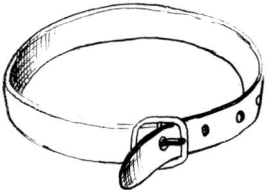

Geldbörse – Gürtel

Die Art und Weise, wie Sie verkoppeln, wird durch ständiges Üben mit der Zeit immer raffinierter und genialer werden. Und genau das wirkt sich auf Ihr Denken und Handeln erlösend aus – bis in die tiefsten Feinheiten Ihrer seelischen Struktur! Dadurch lösen Sie sich aus althergebrachten Denkstrukturen und können aus einer inneren Vogelperspektive alte Dinge völlig neu zusammengesetzt sehen. Genau das ist die Gedankenhaltung aller Gedächtniskünstler und -akrobaten.

Papier – Pfeife

Ring – Nase

Und nun prüfen Sie auf der nächsten Seite, wie viele der verknüpften Gegenstände Sie *diesmal* im Gedächtnis behalten haben. Ganz sicher haben Sie jetzt mehr Erfolg.

Erfolgskontrolle

Ergänzen Sie bitte die folgende Liste

Socken   —   _____

Schuh   —   _____

Uhr   —   _____

Kamm   —   _____

Hut   —   _____

Geldstück   —   _____

Taschenmesser —   _____

Brieföffner   —   _____

Nagelfeile   —   _____

Kaugummi   —   _____

Radiergummi   —   _____

Geldbörse   —   _____

Papier   —   _____

Ring   —   _____

Wieviel Richtige haben Sie diesmal? Sind es mehr als 50
Prozent? Dann können Sie ans nächste Kapitel herangehen.
Wenn es weniger sind, sollten Sie die Übung noch einmal
wiederholen.

Lösungsbeispiele

Hier nun einige Lösungsbeispiele, wie man die Gegenstände miteinander hätte verknüpfen können:

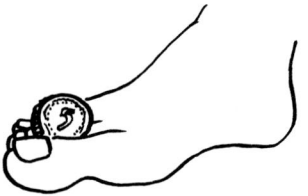

Geldstück – Zeh

Taschenmesser – Strümpfe

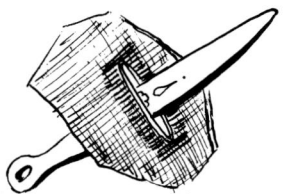

Brieföffner – Knopfloch

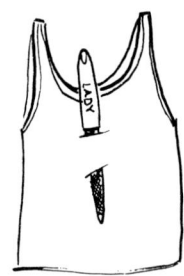

Nagelfeile – Hemd

Kaugummi – Knochen

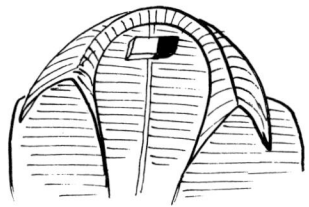

Radiergummi – Kragen

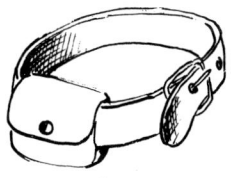

Geldbörse – Gürtel

Papier – Pfeife

Ring – Nase

Herzlichen Glückwunsch, daß Sie bis hierher durchgehalten haben! Sie haben eine harte Arbeit bewältigt und Durchhaltevermögen gezeigt, das sich auszahlen und in Ihrem Berufs- und Privatleben viele Früchte tragen wird.

Gestalten Sie Ihre Bildvorstellungen nun immer flexibler. Im Grunde läßt sich zu jeder Bildverknüpfung eine Geschichte finden. Wie würden Sie zum Beispiel die beiden Begriffe

Nilpferd – Waschmittelkarton

miteinander verknüpfen?

_____

_____

_____

Nun, da gibt es viele Möglichkeiten: Lassen wir das Nilpferd doch einmal kräftig in den Waschmittelkarton hineinbeißen. Sein Maul beginnt zu schäumen, und es muß im Wasser untertauchen, um sich wieder von dem Schaum zu befreien. Grundsätzlich läßt sich alles miteinander verknüpfen. Man braucht nur genügend Phantasie.
Nächstes Beispiel:

Nashorn – Weinflaschen

_____

_____

_____

Das Nashorn rennt in die Weinflaschen hinein. Lärm, Klirren. Oder: Es hat eine Weinflasche auf sein Horn aufgespießt und trägt sie als Verzierung mit sich herum.

Wie würden Sie diese beiden Begriffe verknüpfen?

Haarshampoo – Steinbock

Ganz einfach: Der Steinbock spießt eine Shampooflasche auf und klettert damit auf den Berg. Es beginnt zu regnen. Sein Fell wird ganz sauber, die Hörner glänzen, und das schäumende Regenwasser fließt vom Berg herab und tropft einem höchst verwunderten Bergsteiger auf den Kopf.

Vogel Strauß – Spielzeugkran

Ein Junge spielt im Zoo mit einem Spielzeugkran. Er bindet den Kran mit einer Schnur an einen Vogel Strauß. Der Strauß läuft davon und verliert die Feder. Stolz schmückt der Junge seinen Kran mit der Straußenfeder.

Erfinden Sie nun selbst Verknüpfungen. So kuriose Verknüpfungen wie möglich. Sie brauchen sie jetzt gar nicht mehr aufzuschreiben, sondern können sie ohne jedes Hilfsmittel vor Ihrem geistigen Auge erstehen lassen.

Giraffe – Abschleppauto
Zebra – Eisenbahn

Elefant – Städtebaukasten
Bär – Burg
Affe – Kind mit Lutscher
Wurst – Cola

Sie haben nun gelernt, sich Gegenstandspaare zu merken, indem Sie die beiden Gegenstände phantasievoll miteinander verknüpfen. Das wird Ihnen von jetzt an keine Schwierigkeiten mehr machen.

Nun gehen wir einen Schritt weiter.

Meistens muß man sich im Alltags- oder Berufsleben mehr als nur zwei Gegenstände beziehungsweise Begriffe merken.

Versuchen Sie, sich folgende Einkaufsliste einzuprägen:

Milch	**Tomaten**
Bananen	**Melone**
Schinkenröllchen	**Schokolade**
Kopfsalat	**Schlagsahne**

So mancher wird Schwierigkeiten haben, diese Liste vollständig im Gedächtnis zu behalten. Sobald es mehr als zehn Gegenstände sind, sind die meisten Menschen überfordert. Das zeigten auch die Fernsehsendungen »Am laufenden Band« von Rudi Carrell.

Doch auch diese Aufgabe läßt sich mit Hilfe bildhafter Assoziationen leicht bewältigen. Versuchen Sie einfach, die Einkaufsgegenstände zu einer lustigen Geschichte zu verknüpfen. Suchen Sie wieder so ungewöhnliche, originelle Bilder wie möglich und stellen Sie sich die Verknüpfungen möglichst plastisch vor.

Beispielsweise könnte man sich zu der Einkaufsliste folgende Geschichte ausdenken:

»Die Milch und die Bananen mixen wir zu Bananenmilch. In die Bananenmilch hüpfen zwei Schinkenröllchen hinein, setzen sich den Salat als Kopfschmuck auf, bewerfen sich mit

40

Tomaten, und der Sieger erhält die Melone auf einer Tafel Schokolade mit Sahne garniert.«

Das gelingt Ihnen nun sicher auch mit der folgenden Liste von Besorgungen:

Rollschuhe – Teddybär – Zwirn – Scheckheft

_____

_____

_____

_____

_____

Zum Beispiel bietet sich hier folgende Verknüpfungsmöglichkeit an:»Mit seinen neuen Rollschuhen fährt der Teddybär in die Zwirnfabrik. Dort sind die Wände mit Schecks tapeziert.«

Und nun versuchen Sie es einmal ohne meine Hilfe:

Kerze – Hummer – Professor – Eule

_____

_____

_____

_____

Melkmaschine – Maus – Whisky – Federn

Kugelschreiber – Kopfschmerztabletten – Hundefutter – Dias

Blumen – Rechtsanwalt – Fahrkarte – Blumenkohl

Windeln – Telefonat – Elektriker – Schallplatte

_____

_____

_____

_____

_____

**Schreibmaschinenpapier – Bluse – Schwiegermutter
Geburtstag**

_____

_____

_____

_____

_____

Jetzt sind Sie schon einen großen Schritt weiter. Mit Hilfe der Verknüpfungsmethode können Sie sich wichtige Besorgungen, die einzelnen Punkte eines Vortrags, eines Verkaufsgesprächs oder einer Rede und noch viele andere Dinge einprägen. Gleichzeitig haben Sie Ihre Vorstellungskraft und Ihr Gedächtnis bereits so weit trainiert, daß Ihnen der nächste Schritt – das Einprägen von Namen und Gesichtern – nun sicherlich keine Mühe mehr machen wird.

Testen Sie Ihr Personengedächtnis!

In der folgenden Übung testen Sie Ihre Fähigkeit, sich Namen und Gesichter zu merken. Merken Sie sich die hier abgebildeten Gesichter in Verbindung mit den darunterstehenden Namen. Auf der übernächsten Seite finden Sie die zehn Gesichter in vertauschter Reihenfolge und ohne Namen wieder. Ordnen Sie dort bitte jedem Gesicht seinen richtigen Namen zu. Sie haben dafür fünf Minuten Zeit.

Herr *Gottmann*

Herr *Brauer*

Herr *Schreiner*

Herr *Nuskowsky*

Herr *Hollberger*

Herr *Rued*

Herr *Turak*

Herr *Teisig*

Herr *Behr*

Herr *Rausch*

Auf der nächsten Seite nun die Personen ohne Namen. Schreiben Sie die Namen bitte mit Bleistift unter die Gesichter:

Nun, wie ist die Übung ausgefallen? Lassen Sie sich keine grauen Haare wachsen, wenn Sie nicht alle Namen behalten haben oder wenn Sie die Namen nicht auf Anhieb den richtigen Gesichtern zuordnen konnten. Lesen Sie das nächste Kapitel, und Ihr Personen- und Namensgedächtnis wird sich in kürzester Zeit erheblich verbessern.

So merke ich mir Namen und Gesichter

Es ist bestimmt nicht angenehm oder sogar peinlich, wenn Sie die Namen von Personen, die Ihnen wichtig sind, verwechseln oder vergessen. Mit Recht könnten diese Menschen annehmen, Sie hätten kein Interesse an Ihnen. Jeder Mensch fühlt sich angenehm berührt oder gar geschmeichelt, wenn Sie ihn mit seinem Namen ansprechen, vor allem, wenn seit der letzten Begegnung schon geraume Zeit verstrichen ist. Wenn Sie das nun folgende Personengedächtnistraining absolviert haben, wird das kein Problem mehr für Sie sein.

Wir alle hören oft den Satz:»Ich habe diesen Menschen schon irgendwo gesehen. Ich kann mich an sein Gesicht erinnern, an den Gang, die Stimme – aber der Name fällt mir nicht ein.« Meist wird der Name, nicht das Gesicht vergessen, weil die meisten Menschen sehorientiert sind. Vielleicht hat man sich den Namen von Anfang an nicht richtig eingeprägt, auch kamen andere Eindrücke hinzu – und schon war er vergessen. Oder man hat ihn bei der Vorstellung von vornherein nicht richtig verstanden. Das passiert leider sehr häufig. Derjenige, der sich vorstellt, murmelt seinen Namen oft nur so vor sich hin. Fragen Sie bitte nach, wenn Sie ihn nicht verstanden haben. Wiederholen Sie ihn auch während der Unterhaltung öfter (natürlich ohne zu übertreiben). Er prägt sich dann wesentlich besser ein.

Das Einprägen von Namen ist für jedermann im Berufsleben und auch im privaten Bereich wichtig – seien es die Namen von Kunden, Klienten, Patienten, Kollegen, Vorgesetzten oder Untergebenen. In diesem Kapitel werden Sie lernen, sich Namen – selbst schwierige Namen, richtige Zungenbrecher – mühelos einzuprägen.

Es gibt zwei Kategorien von Namen:

1. Namen, die etwas aussagen – die eine konkrete Bedeutung haben.
2. Namen, die ohne jede Bedeutung sind – die uns nichts sagen.

1. Namen, die etwas aussagen

Unter den Namen, die etwas aussagen, gibt es viele, die man in die Kategorie der Berufe einordnen kann: Bäcker, Fischer, Müller, Zimmermann usw.

Auch Tiernamen sind häufig: Wolf, Fuchs, Vogel, Bär usw.

Wieder eine andere Namensgruppe besteht aus zusammengesetzten, konkreten Begriffen: Goldmund, Baumgarten, Hartmann, Neumann, Kochendorf usw.

Eine andere Gruppe von Namen gewinnt durch leicht veränderte Schreibweise oder durch Weglassen oder Hinzufügen von einem oder zwei Buchstaben eine gegenständliche Bedeutung: Bardt, Floss, Tanner, Blum usw.

Wie müssen wir nun vorgehen, um uns Familiennamen so einzuprägen, daß wir sie nie wieder vergessen?

Beginnen wir mit unseren Berufsnamen

Angenommen, die Ihnen vorgestellte Person heißt *Müller*. Stellen Sie sich Ihren neuen Bekannten nun vor, wie er in seinem Anzug oder sogar im Smoking – je nachdem, in welchem Kleidungsstück Sie ihn kennengelernt haben – die schweren Getreidesäcke zur Mühle schleppt. Sehen Sie ihn in Ihrer Vorstellung ganz deutlich, wie er gebückt geht und vielleicht über das Gewicht stöhnt.

Ähnlich verfahren Sie mit allen Namen der Berufssparte.

Nun zur Tiernamengruppe

Sehen Sie Frau *Bär*, wie sie zur Gesellschaft geht und einen Tanzbären an der Leine führt? Oder Herrn *Fuchs*, wie er sich in seinem Bau verkriecht?

Und nun ein Beispiel aus der zusammengesetzten Namengruppe

Herrn *Kochendorf* lassen Sie mit Schürze und Kochhaube mitten in einem kleinen *Dorf* stehen und in einem riesigen Kessel über einem großen Feuer für alle Dorfbewohner *kochen*.

Auch die Namen mit etwas anderer Schreibweise sind kein Problem

Herr *Bardt* bekommt einen wunderschönen langen *Bart*, der ihm bis zur Brust reicht. Frau *Floss* hat statt ihrer Hände *Flossen*, und Herr *Tanner* bemüht sich gerade, eine *Tanne* heimzuschleppen, die er im Wald abgesägt hat.

2. Namen, die ohne jede Bedeutung sind

Wenn wir nun einen Namen hören, der keine Bedeutung hat, der uns nichts sagt, dann müssen wir ihm mit Hilfe unserer Phantasie eine Bedeutung *geben,* denn abstrakte Wörter sind schwerer zu behalten.

Wir denken uns ein Wort aus, das so ähnlich klingt wie der Name – ein sogenanntes *Ersatzwort.* Dabei ist lediglich der Kern des Wortes wichtig; wenn Sie diesen in Ihrem Gedächtnis gespeichert haben, fällt Ihnen der Rest automatisch ein. Dazu verhilft Ihnen Ihr natürliches Gedächtnis, das trotz der Gedächtnisstützen immer noch existiert.

Nehmen wir an, bei einer Konferenz wird Ihnen ein Herr *Traimer* vorgestellt. Wie merkt man sich diesen Namen? Was für ein Ersatzwort fällt Ihnen dazu ein?

Nun, Sie könnten ihn sich vielleicht als *Träumer* vorstellen oder als Traumwandler, wie er mit vorgestreckten Armen und geschlossenen Augen auf dem Dach wandelt.

Einer Ihrer Kunden hört auf den ausgefallenen Namen *Lambro.* Wie merken Sie sich das?

Das ist schon ein sehr schwieriger Fall. Hier braucht man gleich zwei Ersatzwörter. Sagen Sie den Namen noch einmal vor sich hin: *Lam-bro.*

Fällt Ihnen etwas auf? *Lambro* klingt wie »Lamm« und »Brot«. Jetzt müssen Sie sich nur noch ein möglichst einprägsames Bild dazu einfallen lassen.

Nichts leichter als das: Herr *Lambro* geht mit einem *Laib Brot* unter dem Arm und einem scharfen Messer in der Hand auf die Weide, um ein *Lamm* zu schlachten.

Auf einer Party lernen Sie einen Herrn *Turak* kennen. Wie prägen Sie sich diesen Namen ein?

53

Kein Problem. Herr Turak macht eine *Tour* im *Frack*. Sehen Sie ihn im Frack einen Gipfel erklimmen oder auf dem Fahrrad sitzen, und Sie werden seinen Namen nie wieder vergessen.

Und jetzt versuchen wir es einmal mit einem richtigen Zungenbrecher: Herr *Nuskowsky*. Welche ähnlich klingenden Ersatzwörter fallen Ihnen dazu ein? Suchen Sie welche und überlegen Sie sich ein originelles Bild dazu:

Ihre Lösung hätte zum Beispiel folgendermaßen aussehen können:
Herr *Nuskowsky* fährt mit einer *Nuß* auf dem *Kopf Ski*. Sehen Sie, wie gerade er sich halten muß, damit die Nuß nicht herunterfällt?

Es spielt überhaupt keine Rolle, wie weit Sie in Ihrer Absurdität gehen. Je unsinniger das Ersatzwort, um so einprägsamer ist es. Sie werden merken, wie unglaublich erfinderisch Sie mit der Zeit werden und wie sehr Sie damit Ihre Phantasie und Ihr Gedächtnis schulen. Nur durch Übung kommt man auf die verschiedensten Kombinationsmöglichkeiten.

Aber, werden Sie sagen, was nützt es mir, wenn ich mir all diese Namen merken kann? Damit allein ist mir noch nicht geholfen. Wichtig ist doch, daß ich mir auch die Gesichter

54

einprägen und sie den richtigen Namen zuordnen kann. Das ist der nächste Schritt unserer Übung.

Fällt es Ihnen schwer, sich Gesichter zu merken? Dieses Problem läßt sich mit ein wenig Training leicht beheben. Zunächst einige grundsätzliche Ratschläge und Anregungen zum Einprägen von Gesichtern. Interessieren Sie sich für menschliche Gesichter, studieren Sie sie. Schauen Sie sich die Gesichter der Menschen, die Ihnen auf der Straße entgegenkommen oder die Ihnen im Restaurant gegenübersitzen, genau an. Fällt Ihnen dabei etwas auf? Die linke Hälfte eines Gesichts ist immer etwas anders als die rechte Hälfte des Gesichts. Bei manchen Gesichtern ist die Oberpartie mehr betont; bei anderen mehr die Mittel- oder Unterpartie. Fast jedes Gesicht – selbst wenn es Ihnen auf den ersten Blick alltäglich erscheint – hat irgendein hervorstechendes Merkmal, etwas, was Ihnen besonders auffällt. Das ist für unsere Methode von entscheidender Bedeutung. Wichtig ist, daß Ihnen am Gesicht Ihres Gegenübers ein *für Sie* auffallendes Merkmal ins Auge sticht, wie z. B. dicke Nase, lebhafte Augen, hohe Stirn, fleischige Lippen, große oder abstehende Ohren, langer Bart, markante Falten, Linien oder Narben, Glatze, hervortretende Backenknochen usw. Wenn Sie nicht gleich auf Anhieb so ein Merkmal finden, wenn Sie glauben, ein sogenanntes »Dutzendgesicht« vor sich zu haben, studieren Sie das Gesicht ein wenig genauer, beobachten Sie auch die Mimik Ihres Gegenübers. Dann wird Ihnen mit Sicherheit irgend etwas auffallen. Wenn Sie diese Methode anwenden und regelmäßig üben, wird es Ihnen nicht schwerfallen, sich Gesichter einzuprägen. Und jetzt müssen Sie nur noch eine Brücke zwischen dem Gesicht und dem Ersatzwort schlagen, das Sie für den Namen der betreffenden Person gefunden haben.

Vielleicht ahnen Sie bereits, wie man dabei vorgeht. Denken Sie daran: Unser Gedächtnistraining beruht auf dem Prinzip der Assoziation, der Verknüpfung.

Verbinden Sie einfach das auffallende Merkmal im Gesicht des Menschen mit dem Namensbild. Lassen Sie sich eine unmögliche Verknüpfung – Assoziation – einfallen. Je verrückter, desto einprägsamer. Je gegenständlicher, desto leichter merkbar. Je abstrakter, desto weniger einprägsam. Zum Beispiel:

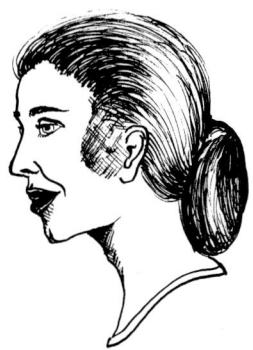

Frau *Knoll* trägt die Haare hinten zu einem Knoten zusammengebunden.

Der Knoten erinnert uns an eine *Sellerieknolle.*

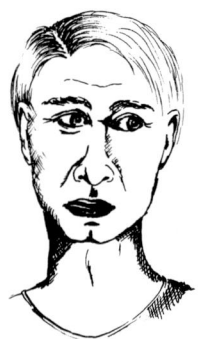

Herr *Kämmler* ist immer sorgfältig frisiert. Wir denken uns seinen *Kamm* noch in den Haaren steckend. Dieser Kamm wird uns automatisch an den Namen Kämmler erinnern.

Herr *Krauter* hat eine Frisur wie der Struwwelpeter.

Wir sehen vor unserem geistigen Auge, wie seine Haare sich zu *Kräutern* formen.

Herr *Fellmer* hat einen auffallenden Schnauzbart. Stellen Sie sich vor, wie der Bart nach und nach seinen ganzen Körper überwuchert, zu einem *Fell* wird.

Herr *Bolei* hat eine Glatze. Wir schütten etwas Ananas-*Bowle* darauf und zerschlagen darauf ein *Ei* (aufpassen: Das ist kein Haarwuchsmittel, sondern nur eine Merkhilfe).
Immer, wenn wir Herrn Bolei sehen, werden wir an die Ananas-Bowle und das Ei denken und sofort seinen Namen wissen.

Herr *Hollberger* hat eine besonders markante Nase mit großen Nasenlöchern. Stellen Sie ihn auf einen *Berg* zu Frau *Holle* und lassen Sie es aus seiner Nase heraus schneien, bis der ganze Berg schneebedeckt ist.

Anfangs sollte Ihr Bild so ausgeschmückt und reich an Details wie möglich sein. Später, nach einigen Tagen oder Wochen Training, genügen schon ganz wenige Erinnerungsstützen.

Wenn Ihnen im Gesicht des betreffenden Menschen beim besten Willen kein markantes Merkmal auffällt, können Sie sich auch auf andere Eigenheiten stützen, z. B. auf die Sprechweise, die Gangart, die Haltung, die Gebärden und ähnliches. Je mehr Übung Sie haben, um so rascher wird es Ihnen gelingen, ein passendes Ersatzwort für den Namen, ein geeignetes Merkmal und eine möglichst originelle Verbindung von beidem zu finden.

Übung

Wie bei allen Dingen ist der Beginn der praktischen Anwendung nicht ganz leicht. Wenn Sie Schreibmaschine schreiben können, werden Sie sich sicher noch an Ihre ersten holprigen Anfänge erinnern. Und heute? Heute denken Sie gar nicht mehr nach, sondern schreiben automatisch!

In dem nun folgenden Übungsteil haben Sie reichlich Gelegenheit, Ihr Namens- und Personengedächtnis zu trainieren. Wir stellen Ihnen nun vierzig Personen vor, deren Namen Sie sich einprägen sollen. Anfangs geben wir Ihnen noch eine kleine Hilfestellung in Form von Vorschlägen, was für originelle oder humorvolle Assoziationen man herstellen könnte. Später müssen Sie ganz allein lustige Bilder erfinden – und das wird Ihnen dann sicherlich auch nicht mehr schwerfallen.

Jedem Menschen fällt beim Anschauen eines Gesichts etwas anderes auf, und entsprechend unterschiedlich werden auch die Assoziationen sein, die Ihnen in den Sinn kommen. Halten Sie sich deshalb bitte nicht strikt an meine Assoziationsvorschläge, sondern nehmen Sie sie nur als Anregung für Ihre eigenen Ideen.

Herrn *Hamburger*

sehen wir, wie er gerade in seinen *Hamburger* hineinbeißt. Die Soße spritzt in seine Senkrechtfalte über der Nase. Und seine Nase ist so groß, daß sie sich beim Essen fast in das Hamburger-Brötchen hineinbohrt!

Würde sein wettergegerbtes Gesicht nicht gut zu einem Matrosen im *Hamburger Hafen* passen?

Und nun schreiben Sie auf, was *Ihnen* zu Herrn Hamburger eingefallen ist:

Herr *Schulze*

Denken wir an *Dorfschulze,* also Bürgermeister. Schauen Sie
sich sein Gesicht noch einmal an. Würde sein leutseliges
Lächeln, sein freundlicher Blick nicht gut zum Bürgermeister
eines kleinen Dörfchens passen? Prägen Sie sich das Gesicht im
Zusammenhang mit dieser Assoziation ein. Begrüßen Sie den
Bürgermeister:»Guten Tag, Herr Schulze!«
Und welches Bild ist *Ihnen* zu Herrn Schulze eingefallen?

Herr *Kaiser*

Sehen Sie sich seinen Haaransatz etwas genauer an, stülpen Sie ihm eine *Kaiserkrone* auf. Paßt sie nicht gut zu seiner hohen Stirn und dem eleganten schwarzen Schnurrbart? Stecken Sie auf die Krone noch eine zweite Krone, damit Sie nicht aus Versehen »Herr König« zu ihm sagen. (Der Kaiser ist höher als der König – deshalb zwei Kronen.)
Sicherlich ist Ihnen noch etwas viel Originelleres zu Herrn Kaiser eingefallen als mir:

_____

_____

_____

Herr *Weber*

Herr Weber, der lachende Herr Weber, hat sicher nichts
dagegen, wenn wir in unserer Phantasie aus den wenigen
Haaren, die er noch hat, auf seinem Kopf einen kleinen
Teppich *weben*. Und dann stellen wir uns noch vor, wie er mit
dem »Gewebe« auf dem Kopf hinter einem Webstuhl hervor-
lacht und wir ihn begrüßen: »Guten Morgen, Herr Weber.«
(Bitte teilen Sie Verknüpfungsvorstellungen nie dem Namens-
inhaber mit.)

Herr *Freitag*

Sehen Sie sein zufriedenes Lächeln. Sieht er nicht so aus wie jemand, der sich am *Freitagabend* aufs Wochenende freut? Oder der strahlt, weil er heute seinen *freien Tag* hat? Ihrer Phantasie sind keine Grenzen gesetzt. Im Grunde ist es völlig egal, was für eine Verknüpfung Sie erfinden. Hauptsache, es fällt Ihnen etwas ein.

Herr *Kaufels*

Guten Tag, Herr Kaufels!
Kaufen wir den *Felsen*? Ja?
Ihre Nasenspitze sieht wie ein runder Felsen aus. So eine Nase
kaufe ich mir auch.
Und wie Sie das linke Auge zukneifen, als hätten Sie den
Felsen sehr günstig gekauft.
Etwas locker daherreden, das darf ich doch, Herr Kaufels!
Also bis bald wieder. Sie erkenne ich auf Anhieb.

_____

_____

_____

Herr *Spielvogel*

Hallo, Herr Spielvogel, wie *verspielt* Sie da Ihre schöne Schleife tragen, wie *Vogelfedern.* Spielen Sie auch manchmal mit Ihrem Haar, das Ihnen wie kleine Vogelfedern rechts in die Stirn fällt? Die verspielten Lachfalten rechts und links von Ihren Augen sehen wie Vogelfedern aus. Was spielen wir als nächstes, Herr Spielvogel? Zeigen Sie mir ja nicht den Vogel (deutscher Autofahrergruß)!

Frau *Tulpenauer*

Frau Tulpenauer lacht sehr freundlich, wie eine *Tulpe*, die auf der *Aue* (Wiese) steht.
Mit etwas Phantasie wird die länglich-ovale Kopfform von Frau Tulpenauer tatsächlich zu einer Tulpe.
Hallo, Frau Tulpenauer.

Herr *Plenk*

Herr Plenk *blinkt* fröhlich durch seine Brillengläser. Er
»plinkt« Ihnen mit den Augen freundlich zu.
Suchen Sie ruhig noch nach anderen auffallenden Gesichts-
merkmalen, die Sie sich ebenfalls »blinkend« vorstellen: blin-
kende Zähne, glänzende Nase...
Damit Sie aber nicht aus Versehen »Guten Tag, Herr Blinker«
sagen, wiederholen Sie noch einmal betont: »Herr Plenk«.
Und was für eine Assoziation ist *Ihnen* eingefallen?

Herr *Rosenplicker*

Sieht er nicht hübsch aus?
Stellen Sie ihn sich vor, wie er seiner Geliebten *Rosen pflückt*.
Sehen Sie die Locken, sein Lächeln, versetzen Sie dieses
Gesicht in einen Rosengarten.
Guten Tag, Herr Rosenplicker!

Frau *Greil*

Grell strahlt ihr Lächeln durch das Bild. Grellrot sind ihre Lippen geschminkt. Vielleicht trägt sie auch gern Pullover in kräftigen, leuchtenden Farben?

Sicher fallen Ihnen noch weitere Assoziationsmöglichkeiten ein:

_____

_____

_____

Frau *Eicher*

Ich sehe Frau Eicher mit *Eichenlaub* auf ihrem kurzen, hellen Haar. Stellen Sie sich vor, wie ihre Haarsträhnen sich in Eichenblätter verwandeln.

Oder: Ihr Nasenrücken ist breit und kräftig wie ein *Eichenstamm*.

Und was ist Ihnen zu Frau Eicher eingefallen?

_____

_____

_____

Herr *Hildebrand*

Sehen Sie sein begeistertes Lächeln? Stellen Sie sich vor, er ist in Liebe für die *Hilde entbrannt.*
Hoffentlich erhört sie Sie, Herr Hildebrand!
Natürlich gibt es auch noch andere Möglichkeiten, sich den Namen Hildebrand einzuprägen:

Herr *Anger*

Lange Nase, längliches Gesicht.
Ein *»Langer«*, Herr Anger.
Vielleicht *angelt* er auch? Stellen Sie sich seine langen Bart-
haare als Angelschnüre vor, an denen Fische zappeln. Dieses
Gesicht vergessen Sie bestimmt nie wieder.

Herr *Nikol*

Schauen Sie sich das freundliche, gutmütige Gesicht von Herrn Nikol an und denken Sie sich die hohe, runde Stirn unter einer *Nikolausmütze*. Paßt das nicht gut zu ihm? Engagieren Sie ihn doch als Nikolaus für Ihre Kinder!

Gestalten Sie Ihre Bilder anfangs ruhig so ausführlich und detailliert wie möglich. Nach etwa 100 Übungen mit Namen und Gesichtern tritt der Merkprozeß schon bei wesentlich geringerer Verbilderung ein.

Herr *Huttenlocher*

Was fällt Ihnen an Herrn Huttenlocher auf den ersten Blick auf? Vielleicht seine krausen *Locken*? Stellen Sie sich dieses Haar unter einem Hut vor. Der *Hut* hat ein *Loch*, durch das das Lockenhaar sich hervorkräuselt. Eigentlich ist der Name gar nicht schwer zu merken, nicht wahr?

»Guten Tag, Herr Huttenlocher!«

Herr *Prikwitz*

Herr Prikwitz lächelt Sie verschmitzt an. Stellen Sie sich vor, daß er Ihnen gerade einen grandiosen *Witz* erzählt hat. Lassen Sie ihn noch ein Glas *prickelnden Sekt* dazu trinken, damit Ihnen die erste Silbe –»Prik« – zu dem Witz auch mit hundertprozentiger Sicherheit einfällt.

Und welche Assoziation ist Ihnen eingefallen?

Herr *Schatorje*

Stellen Sie sich vor: Er steht im *Schatten* vor dem Tor des Wirtshauses und sagt »*Oje*«, denn er hat zuviel getrunken. Schauen Sie sich sein Gesicht an, und schon paßt es in das Phantasiebild.

Und nun schreiben Sie Ihren eigenen Einfall auf:

Herrn *Rosilowsky*

stellen wir uns vor, wie er mit der *Rosi Ski* läuft.
Also: *Rosi – low (laufen) – sky (Skier).*
Und jetzt suchen Sie noch ein auffallendes Gesichtsmerkmal,
z. B. die kurzen Haare, und sehen Sie die beiden Ski fahren.
Stellen Sie sich vor, wie ihm dabei der Wind um den fast kahlen
Kopf weht.
Natürlich können Sie sich auch ein anderes Bild vorstellen.

Frau *Andriollo*

hat schöne Locken, die sie sich *andreht (Andri-)*, und zwar am
Rollo (-ollo – Rolladen).
Jetzt schauen Sie sich auch noch ihr Gesicht genau an – Kinn,
Lippen, Nase, Augenbrauen – und bauen Sie in Ihr Phantasie-
bild das Gesichtsmerkmal ein, das Ihnen besonders auffällt.
Diese zweite Verknüpfung ist hier erforderlich, da die Frisuren
der Damen eventuell häufiger wechseln.

Nun haben Sie sich zwanzig Gesichter und die dazugehörigen Namen eingeprägt, darunter auch einige richtige Zungenbrecher, bei denen Sie früher immer sofort resigniert haben. Schauen Sie sich die Fotos und die Namen ruhig öfter an und vergegenwärtigen Sie sich dabei immer wieder die Assoziation, die Sie hergestellt haben. Wenn Sie sich die Gesichter ein wenig eingeprägt haben, decken Sie die Namen mit der Hand oder mit einem Stück Papier ab und versuchen Sie sie auswendig vor sich hinzusagen.

Erfolgskontrolle

Wetten, daß Sie Herrn Rosilowsky, Frau Engel, Herrn Kaufels, Frau Tulpenauer und Ihre anderen neuen Bekannten jetzt auf Anhieb wiedererkennen?

Sobald Sie ihr Gesicht sehen, wird Ihnen automatisch die Assoziation einfallen, die Sie hergestellt haben – und damit auch der Name.

Wenn Sie mir nicht glauben, testen Sie sich selbst. Wir zeigen Ihnen die Fotos jetzt noch einmal in veränderter Reihenfolge und ohne Namen. Schauen Sie sich die Gesichter genau an, erinnern sie sich bei jedem Gesicht an das Merkmal, das Ihnen aufgefallen ist – dann kommt Ihnen die dazugehörige Assoziation ganz von selbst in den Sinn.

Schreiben Sie den Namen jeweils in die leeren Zeilen unter den Fotos auf den folgenden Seiten.

_____

_____

_____

_____

_____

_____

_____

_____

_____

_____

_____

_____

84

_____

_____

_____

_____

_____

_____

_____

_____

_____

_____

_____

_____

_____

_____

_____

_____

_____

_____

_____

_____

_____

_____

_____

_____

_____

_____

_____

_____

Und nun schlagen Sie vorn nach und stellen Sie fest, ob Sie die richtigen Namen unter die richtigen Gesichter geschrieben haben.

Nun, sind Sie zufrieden mit sich? Ihr Namens- und Personengedächtnis hat sich jetzt schon entscheidend verbessert, Ihre Vorstellungskraft und Konzentrationsfähigkeit ist gewachsen. Nun wird Ihnen auch die nächste Übung keine Schwierigkeiten mehr bereiten.

Übung

Inzwischen ist Ihnen das Bilden von Assoziationen sicherlich schon so in Fleisch und Blut übergegangen, daß Sie gar keine Anregungen und Lösungsvorschläge mehr von mir brauchen. Bei den zwanzig Personen, die ich Ihnen nun vorstellen möchte, müssen Sie die Verknüpfungen selbst herstellen. Schreiben Sie Ihre Ideen in die Zeilen unter den Fotos. Keine Angst! Es ist leichter, als Sie denken.

Frau *Engel*

_____

_____

_____

_____

_____

Frau *Backes*

_____

_____

_____

_____

_____

Herr *Stange*

_____

_____

_____

_____

_____

Frau *Adler*

_____

_____

_____

_____

_____

Herr *Goldsmith*

_____

_____

_____

_____

_____

Frau *Kern*

_____

_____

_____

_____

_____

Herr *Fischer*

_____

_____

_____

_____

_____

Herr *Bogner*

Herr *Münzer*

Herr *Breitschwert*

_____

_____

_____

_____

_____

Frau *Sonnenweg*

_____

_____

_____

_____

_____

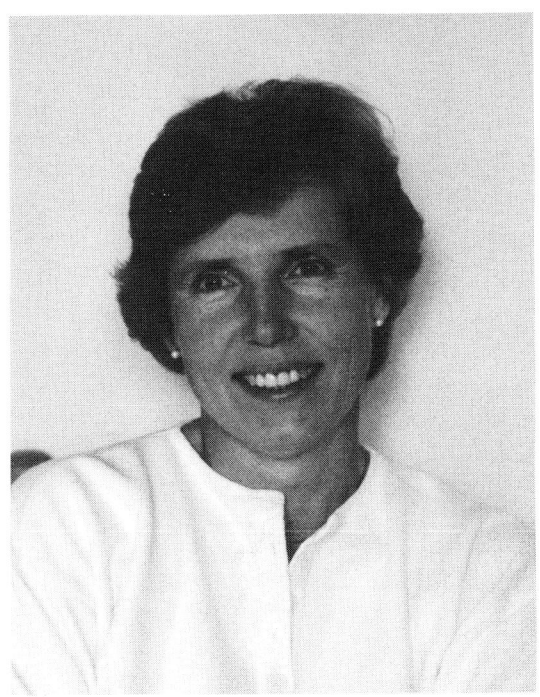

Frau *Baumgartner*

_____

_____

_____

_____

_____

Herr *Banik*

Frau *Feuerlohe*

Herr *Wuthe*

Frau *Windhorst*

Frau *Sens*

Frau *Lauberer*

_____

_____

_____

_____

_____

Frau *Kaminsky*

_____

_____

_____

_____

_____

Frau *Gratwohl*

Prägen Sie sich die Gesichter und die Assoziationen, die Sie hergestellt haben, gut ein.

Schauen Sie sich die Gesichter ruhig mehrmals an, rufen Sie sich jedesmal die dazugehörige Assoziation ins Gedächtnis und sehen Sie sie bildhaft und plastisch vor Ihrem geistigen Auge.

Sie werden feststellen, daß Ihnen das jetzt schon viel leichter und schneller von der Hand geht als beim letztenmal.

Erfolgskontrolle

Und nun testen Sie wieder Ihr Personengedächtnis. Schreiben Sie auf den folgenden Seiten die Namen in die leeren Zeilen unter den Fotos.

Wenn Sie damit fertig sind, schlagen Sie vorn nach und überprüfen Sie, wie viele Richtige Sie haben!

_____

_____

_____

_____

_____

_____

_____

_____

_____
_____

_____
_____

_____

_____

_____

_____

_____

_____

_____

_____

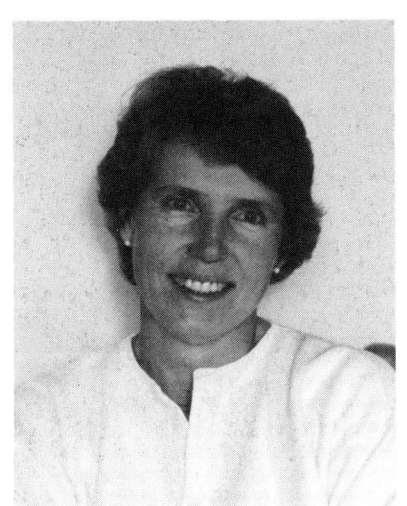

_____

_____

_____

_____

_____

_____

_____

_____

_____
_____

_____
_____

_____

_____

_____

_____

_____

_____

_____

_____

Übung

Auch die Namen und Gesichter von Prominenten und historischen Persönlichkeiten kann man sich mit Hilfe der Assoziationsmethode leicht einprägen.
Versuchen Sie es einmal!

Johann Sebastian Bach
In kleinen Kräuselwellen fließt das Haar an den Seiten seines Kopfes herunter wie ein *Bach*.
Ist Ihnen etwas anderes eingefallen?
Dann schreiben Sie Ihre Idee gleich auf, damit Sie sie nicht wieder vergessen:

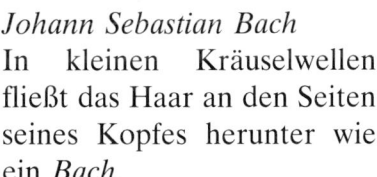

Oscar Wilde
Sehen Sie die kühn geschwungene Linie seines Mundes, den *wilden*, entschlossenen Blick?
Wildbewegt war auch sein Leben.
Der Name ist wirklich nicht schwer zu merken – Oscar Wilde.

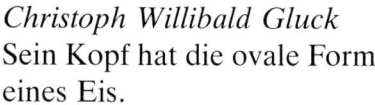

Christoph Willibald Gluck
Sein Kopf hat die ovale Form eines Eis.
Eine *Glucke* legt ihm ein Ei auf den Kopf.
Oder: Eine Glucke legt ein Ei, und das Ei verwandelt sich in sein Gesicht.
Und was ist *Ihnen* zu Christoph Willibald Gluck eingefallen?

Ludwig van Beethoven
Seine Haare sind zerzaust wie ein *Blumenbeet*.
Stellen Sie ihn sich als Beet in einem *Hof* vor; lassen Sie statt der Haare Blumen aus seinem Kopf hervorsprießen. *Beethoven.*

_____

_____

_____

_____

_____

Edgar Allan Poe
»*Eddy,* ist das Hühnchen *gar?*« = *Edgar.*
»Es hat noch *alle* Federn *an!*« = *Allan.*
Poe ißt den *Hühnerpo.* Das Fett trieft ihm aus dem Schnurrbart, und er verzieht angewidert das Gesicht: *Edgar Allan Poe.*

Pythagoras
Das ehrwürdige Gesicht ist ganz von Haaren umschlängelt, wie von einer *Python* (Schlange)...
und... oh, es sieht aus wie *Gras.*
Python und *Gras* = *Pythagoras.*

Und jetzt versuchen Sie es auf der folgenden Seite ohne meine Hilfe. Sie werden überrascht sein, wie leicht es Ihnen fällt!

129

Joseph Haydn   *Charles Dickens*

Wolfgang Amadeus Mozart   *Albrecht von Wallenstein*

Übung

Und jetzt testen Sie Ihr Prominentengedächtnis. Wissen Sie noch, wie Pythagoras aussieht, was Ihnen an Oscar Wildes Gesicht besonders auffiel, wer der Mann mit dem angewiderten Zug um den Schnurrbart ist?

Schreiben Sie auf den folgenden Seiten die Namen in die leeren Zeilen unter den Bildern!

_____

_____

_____

_____

_____

_____

_____

_____

_____

_____

_____

_____

_____

_____

_____

_____

_____

_____

_____

_____

Und nun testen Sie Ihr Personengedächtnis noch einmal!

Erinnern Sie sich noch an den Test auf Seite 45?

Wiederholen Sie ihn jetzt noch einmal, und Sie werden feststellen, daß Ihr Namens- und Gesichtergedächtnis sich in der Zwischenzeit enorm verbessert hat.

Merken Sie sich die folgenden Gesichter in Verbindung mit den darunterstehenden Namen.

Herr *Gottmann*

Herr *Brauer*

Herr *Schreiner*

Herr *Nuskowsky*

Herr *Hollberger*

Herr *Rued*

Herr *Turak*

Herr *Teisig*

Herr *Behr*

Herr *Rausch*

Und jetzt ordnen Sie jedem Gesicht den richtigen Namen zu!
Sie haben fünf Minuten Zeit.

Na, wie ist der Test diesmal ausgefallen? Sicherlich wesentlich besser als beim erstenmal. Sie haben inzwischen ein fotografisches Gedächtnis entwickelt und Ihr Erinnerungsvermögen entscheidend verbessert.

Diese wertvolle Fähigkeit können Sie sich aber nur bewahren, wenn Sie regelmäßig üben. Sie müssen Ihr bildhaftes Denkvermögen, Ihre Assoziationsfähigkeit ständig trainieren.

Übung macht den Meister

Wenn Sie nicht regelmäßig und konsequent üben, wird Ihre Gedächtnisleistung rasch wieder nachlassen. Der Alltag bietet Ihnen unzählige Gelegenheiten, Ihr Namens- und Gesichtergedächtnis zu trainieren – spielerisch und ganz nebenbei, ohne große Mühe oder Zeit zu investieren. Einige Anregungen dazu gibt Ihnen dieses Kapitel.

Trainieren Sie Ihr Vorstellungsvermögen. Denken Sie an einen Menschen, den Sie gern haben, und sehen Sie das Gesicht dieses Menschen im Geiste vor sich. Stellen Sie sich bildhaft vor, wie Sie diese Person schminken würden oder wie sie beim Friseur verschönert wird. Was für eine neue Frisur würde denn zu ihr passen? Stellen Sie sich ein Porträtfoto von diesem Menschen vor. Sehen Sie ihn als Foto im Personalausweis, als Titelbild einer Zeitschrift oder als Plakat an der Litfaßsäule. Diese Variationen werden Ihnen dabei helfen, sich das Gesicht deutlicher zu vergegenwärtigen. Und jetzt stellen Sie sich diese Person als Gesprächspartner vor – mit intensivem Wortschwall, Mimik und Gestik.

Erinnern Sie sich in einer ruhigen Stunde – bei einer Bahnfahrt, vor dem Einschlafen oder im Urlaub – einmal an Personen und Gesichter aus Ihrer Jugendzeit. Die Gesichter Ihrer Eltern, wie sie damals aussahen, Lehrer, Freunde, Filmstars und Politiker jener Zeit. Je besser sich Ihr Vorstellungsvermögen entwickelt, um so leichter können Sie sich diese Bilder vergegenwärtigen, um so klarer sehen Sie die Gesichter vor sich. Sie sollten sich noch genau an einzelne Szenen, Nuancen, Gesichtszüge, Fernsehbilder, Rednerpositionen, erstaunte, lachende, glückliche und ernste Gesichter erinnern können.

Wenn Sie am Bankschalter warten (oder im Bus, am Flughafen, im Lebensmittelladen, am Zeitungskiosk), versuchen Sie mit einem Blick das Gesicht des Schalterbeamten zu erfassen. Schauen Sie dann sofort auf eine – möglichst leere – Wand und sehen Sie imaginativ dieses Gesicht an der Wand vor sich, vielleicht etwas größer als in natura. (Wenn keine leere Fläche in der Nähe ist, auf die Sie das Bild projizieren können, sehen Sie es mit geschlossenen Augen vor sich.)
Schauen Sie dann zum Vergleich wieder auf das Gesicht des Schalterbeamten. Sicherlich entdecken Sie einige weitere Ein-

zelheiten, die Ihnen beim ersten Hinsehen entgangen sind. Dann blicken Sie wieder zur Wand und projizieren Sie diese neuentdeckten Details in Ihr geistiges Bild hinein. So wird Ihre Vorstellung von dem Gesicht des Mannes nach und nach immer genauer. Sie sollten durch Übung die Fähigkeit erwerben, ein einmal gesehenes Gesicht innerlich sofort als Kopie zu reproduzieren.

Wenn Sie diese Übung regelmäßig wiederholen, werden Sie bald merken, wie Ihre Konzentrationsfähigkeit wächst. Je länger Sie ein geistiges Eindrucksbild klar vor Ihrem inneren Auge halten können (z. B. eine Minute), um so besser ist Ihre Konzentration. Nach und nach werden Sie auch ausführlichere Zusammenhänge und komplexere Bilder besser behalten, wie z. B. die Umgebung, in der Sie jemanden getroffen haben, Einzelheiten aus einem Katalog, einer Betriebsbesichtigung oder einer technischen Zeichnung, die Spielkarten beim Skat oder einen Stadtplan.

Wenn Sie eine Mitarbeiter- oder Kundenkartei haben, sprechen Sie sich die zu merkenden Namen auf Kassette auf. Das empfiehlt sich vor allem, wenn es viele – z. B. mehr als hundert – sind. Hören Sie sich die Kassette in einer ruhigen, entspannten Stunde an. So tritt ein hoher Gewöhnungseffekt an die Namen ein. Das würde ich vor allem bei japanischen, chinesischen und anderen ausländischen oder schwer aussprechbaren Namen einmal tun. Stellen Sie sich die Gesichter der Leute vor, während Sie die Namen hören!

Aber überanstrengen Sie Ihre Willenskraft und Vorstellungsgabe bei diesen Übungen bitte nicht. Üben Sie langsam ansteigend und dafür beharrlich und stetig.

Seien Sie kreativ und stellen Sie sich selbst Übungen zusammen. Schneiden Sie aus einer Zeitschrift zehn Gesichter aus, wählen Sie willkürlich Namen dazu aus dem Telefonbuch, verknüpfen Sie Namen und Gesichter und wiederholen Sie dasselbe am nächsten Tag.

Motivieren Sie sich durch Zielbilder. Stellen Sie sich vor, wie Sie bei einer Gartenparty, Vereinsversammlung oder Konferenz alle Personen mit Namen begrüßen können!

Das ist keineswegs nur eine Wunschvorstellung, sondern läßt sich mit spielender Leichtigkeit verwirklichen, wenn Sie ein paar Ratschläge beherzigen.

Leider hat sich vielfach die Unsitte eingebürgert, mehrere Personen hintereinander sehr rasch vorzustellen. Oft werden dazu auch noch die Namen undeutlich ausgesprochen, so daß es fast unmöglich ist, sich die Namen und Gesichter der vorgestellten Personen zu merken. Machen Sie es sich zur Gewohnheit, immer nachzufragen, wenn Sie einen Namen nicht verstanden haben. Bitten Sie um langsame und deutliche Nennung der Namen – eventuell mit der Entschuldigung, daß Sie ein schlechtes Namensgedächtnis haben. Das braucht Ihnen nicht peinlich zu sein. Jeder fühlt sich geschmeichelt, wenn Sie Interesse an seinem Namen zeigen und ihn bei der nächsten Gelegenheit wieder mit Namen anreden.

Wenn Sie den Namen gehört und verstanden haben, sollten Sie ihn sofort wiederholen: »Guten Tag, Herr Ummendorfer, freut mich, Sie kennenzulernen« – und in diesem Augenblick stellen Sie sich vor, wie Herr Ummendorfer mit seinen großen Füßen ums Dorf herumgeht. So fahren Sie fort, bis zur letzten Person. Und wenn Sie später alle (oder fast alle) Namen wiederholen können, ist das Erstaunen der Anwesenden groß. Sagen Sie: »Na ja, mal sehen, ob ich Ihren Namen in einer Stunde auch noch weiß.« Verblüffen Sie Ihre Freunde, Kunden und Bekannten mit Ihrem grandiosen Namensgedächtnis!

So merke ich mir Namen in Verbindung mit anderen Informationen

Sehr wichtig und nützlich kann es sein, sich im Zusammenhang mit Personen und ihren Namen auch an Vorgänge und Tatsachen zu erinnern, die mit ihnen zusammenhängen. Das gilt sowohl für den privaten als auch für den beruflichen Bereich. Es kann zum Beispiel von Vorteil sein, zu wissen, welche Waren eine bestimmte Person vertreibt, welchen Beruf oder Titel sie hat, was für Hobbys sie betreibt oder wo sie ihren letzten Urlaub verbracht hat.
Solche Informationen bauen wir einfach in das bereits vorhandene Gesichter- und Namensbild mit ein.

Erinnern Sie sich noch an Herrn *Turak?* Nehmen wir an, er ist Arzt.

Nun hängen wir einfach *drei* Dinge aneinander: Ersatzwort für den Namen – Gesichtsmerkmal – Beruf!

Herr *Turak* macht eine *Tour* im *Frack* – eine Berg- oder Radtour – und hat ein Stethoskop entweder an der Brille baumeln oder kunstvoll um seine Haare gelegt.

Herr *Hollberger* handelt mit Lederwaren. Er steht also auf dem *Berg* bei Frau *Holle*, hat eine Ledertasche in der Hand, die er öffnet und in die er es aus seiner Nase hineinschneien läßt. Lachen Sie nicht! Sie werden sehr schnell merken, daß ganz normale, alltägliche Gedankenverbindungen längst nicht so einprägsam sind.

In der Büropraxis kann sich das Koppeln von Dreierketten als sehr nützlich erweisen; zum Beispiel kann man bei Telefonaten den Namen des Sachbearbeiters, den Namen der Firma und das Produkt koppeln.

Herr *Schneider* aus der Firma »Akkumulatoren GmbH« ruft wegen Kupferdrahtbestellungen an.

Nun, was fällt Ihnen dazu ein?

_____

_____

_____

_____

Als geübter Gedächtniskünstler koppeln Sie sofort ein Bild von einem *Schneider,* der große Akkumulatoren einkleidet und sie mit Kupferdraht verschnürt.

Wenn Herr Schneider eine Woche später wieder bei Ihnen anruft, entsteht dieses Bild blitzartig in Ihrer Erinnerung, und

Sie sagen:»Guten Tag, Herr Schneider, wieviel Kupferdraht darf es denn diesmal sein?«

Sollten Sie mehrere Schneiders in Ihrem Kundenkreis haben, so können Sie den Schneider, der die Akkumulatoren einkleidet, mit Hilfe Ihrer bildhaften Phantasie leicht von dem Schneider unterscheiden, der z. B. Kraftfahrzeuge einkleidet.

Und jetzt versuchen Sie es einmal ohne meine Hilfe!

Herr Hüpfer – Firma Zeppelinbau – Gasflaschen

_____

_____

_____

_____

Herr Reisser – Firma Tonstudio – Endloskassetten

_____

_____

_____

_____

Herr Wurster – Firma Turbinenbau – Schmieröl

_____

_____

_____

148

Herr Dreher – Firma Klimatechnik – Heizlüfter

_____

_____

_____

_____

Herr Bock – Firma Leopold – Bücher

_____

_____

_____

_____

Die Macht der bildhaften Vorstellung

Durch die Übungen in diesem Buch haben Sie Ihr bildhaftes Vorstellungsvermögen erheblich verbessert. Das hilft Ihnen nicht nur beim Einprägen von Namen, Gesichtern und Fakten aller Art, sondern läßt sich darüber hinaus auch im Alltags- und Berufsleben sinnvoll und gewinnbringend einsetzen.

Mit der Kraft der bildhaften Vorstellung läßt sich manches bewirken, was einem beim bloßen abstrakten Nachdenken vielleicht unmöglich erscheint. Das haben geniale Erfinder, berühmte Künstler, große Sportler und erfolgreiche Manager immer wieder bewiesen.

Stellen Sie sich zum Beispiel einmal folgende Situation vor: Ein Dichter hat eine Unterredung mit seinem Verleger, dem er ein neues Werk anbieten möchte. Er kennt den Verleger sehr gut und kann sich ziemlich genau vorstellen, was für Bedenken er haben wird, kann seine Gedankengänge nachvollziehen. Ehe er zu dem Verleger geht, legt er sein Werk auf den Tisch, schließt die Augen, stellt sich vor, wie der Verleger vor ihm sitzt, formuliert seine möglichen Einwände, einen nach dem anderen, und überlegt sich stichhaltige Gegenargumente. Dann nimmt er das Werk und sucht den Verleger auf. Die Gedichte werden gedruckt. Sie werden sehr bekannt. Der Dichter erlangt Weltruhm.

Sein Name ist Johann Wolfgang von Goethe.

Als Leonardo da Vinci von dem Abt eines großen Klosters den Auftrag erhielt, das Abendmahl zu malen, das heute eines der berühmtesten Gemälde der Welt ist, setzte er sich eine Woche lang den ganzen Tag mit Pinsel und Farben vor die leere Fläche und tat gar nichts. Als nach einer Woche der Abt erschien und sah, daß Leonardo noch nichts gemalt hatte, war er entsetzt und wollte ihm den Auftrag wieder entziehen. Da nahm der Künstler den Pinsel zur Hand und vollendete in wenigen Stunden das Bild, das in seiner Vorstellungskraft längst klar und deutlich vor ihm gestanden hatte.

Die Mutter des jugoslawischen Erfinders Nicola Tesla, der zahlreiche Erfindungen und Verbesserungen auf dem Gebiet der Elektrizität entwickelt hat, schulte schon in frühen Jahren die bildhaft-plastische Vorstellungskraft ihres Sohnes. Dieses Kind sollte durch die Anwendung der bildhaften Vorstellung ein Genie werden.

Und Nicola wurde ein Genie!

Er trainierte seine bildhafte Vorstellung so weit, daß sie mit der

Präzision einer Kamera funktionierte. Tesla konnte nicht nur maßstabgetreue Kopien von Gegenständen und Maschinen geistig abfotografieren, innerlich speichern und jederzeit wieder hervorrufen (was auch Sie ganz gezielt erlernen können).

Er besaß auch die Fähigkeit, Maschinen und Vorrichtungen, die er noch gar nicht erfunden hatte, in ganz konkreten Bildern vor seinem inneren Auge zu sehen, fast genauso, als ob er eine Kinoleinwand oder einen Bildschirm mit der entsprechenden Abbildung vor sich hätte. So erfand er zum Beispiel den Tesla-Transformator. Bemerkenswert ist vor allem, daß er durch diese Fähigkeit ungeheuer viel Zeit sparte. Dank seiner präzisen bildhaften Vorstellungskraft brauchte er keinerlei Zeichnungen zu machen. Er ließ jede gewünschte Konstruktion in seinem Kopf magisch wie vor einem inneren Bildschirm entstehen. Man fragte ihn einmal, warum er seine Erfindungen nicht im Labor entwickelt hätte. Seine einfache Antwort lautete:»Dazu hätte ich die zehnfache Zeit gebraucht.« Er hatte ein so gutes plastisches Vorstellungsvermögen, daß er einzelne Teile seiner Erfindungen in millimetergenauer Abmessung und genauer örtlicher Einteilung angeben konnte.

Einem bekannten Tischtennismeister wurden einmal einige Fragen zum Thema Konzentration gestellt. Überraschenderweise erklärte er, daß er nach jedem Spiel die wichtigsten Schläge seines Gegners in Gedanken noch einmal wiederhole und sich auch seinen eigenen genauen Bewegungsablauf zur Konterung des Balles intensiv vorstelle. Er erzählte auch, daß er vor großen Turnieren manchmal nachts aufwache und einen möglichen Schlag des Gegners sowie die geeignetste Abwehr- und Angriffsreaktion auf einen extra dafür bereitliegenden Zettel aufschreibe.

Große Erfolge gelingen durch exakte Vorplanung und mentales Training. Dieses Erfolgsrezept ist keineswegs nur Künstlern, Sportlern und genialen Erfindern vorbehalten, sondern läßt sich auf alle Tätigkeiten und Berufssparten anwenden. Ganz egal, ob Sie Verkäufer oder Manager, Handwerker oder

Rechtsanwalt, Chirurg oder kaufmännischer Angestellter sind – die *Technik der bildhaften Vorprogrammierung* wird Ihnen unter Garantie zu besseren Leistungen und beruflichem Aufstieg verhelfen.

Ein technischer Zeichner erzählte mir neulich von einem begabten Kollegen, der an einem Vormittag, innerhalb von vier Stunden, einen fertigen Motor zu Papier brachte, den er erst einen Tag davor zum erstenmal zu sehen bekommen hatte. Auf die Frage, wie er ein solches Wunder vollbringe, antwortete er, er habe jeden Strich schon am Vortag gedanklich vollzogen. In einem meiner Seminare hatte ich einen kaufmännischen Angestellten, der sehr strebsam war. Er hatte zwar keine Probleme in seiner Firma, der Chef war zufrieden mit ihm – und doch ließ die ersehnte Beförderung auf sich warten. Dann lernte er die Technik der plastischen Vorstellungskraft kennen und verbesserte seine Leistungen dadurch enorm. Er gewöhnte sich an, sich wichtige Gespräche mit seinem Chef vorher bis ins kleinste Detail vorzustellen und dabei mögliche Einwände des Chefs gleich durch überzeugende Gegenargumente zu entkräften. Inzwischen hat sich der ersehnte berufliche Erfolg eingestellt: Heute leitet er die ganze Abteilung.

So können auch Sie wichtige berufliche Situationen – eine Konferenz, einen Prozeß, ein Verkaufsgespräch, eine Vorführrung oder eine Rede, die Sie zu halten haben – vorher in Ihrer bildhaften Phantasie durchspielen. Versuchen Sie es einmal! Sie werden merken, daß es Ihnen mit Hilfe dieser Technik viel leichter gelingen wird, Gespräche in die Richtung zu lenken, die Sie anstreben.

Übung

Vergegenwärtigen Sie sich Ihren Tagesablauf. Überlegen Sie sich eine Situation, die Sie noch verbessern könnten. Spielen Sie sie gedanklich durch und sehen Sie ein besseres Endresultat vor Augen. Gehen Sie den Weg zu diesem verbesserten Endresulat mehrfach durch, sehen Sie möglichst bildhaft und plastisch vor sich, wie Sie es erreichen. Verbessern Sie den Weg bei jedem Durchgang ein wenig mehr. Stellen Sie sich das Erfolgserlebnis, das am Schluß steht, so intensiv wie möglich und in allen Einzelheiten vor. Dieses positive Denken ist für Ihren Erfolg ungeheuer wichtig. Es stärkt Ihr Selbstvertrauen und Ihren Optimismus, weckt eine freudige Erwartungshaltung. Mit einer solchen Einstellung wird es Ihnen viel leichter fallen, das gewünschte Resultat auch tatäschlich zu erreichen.

Vor allem die Zeit am Abend vor dem Einschlafen ist für das Ausspinnen solcher bildhafter Zielvorstellungen günstig. Wir alle kennen die Redensart von dem bewährten »Schulbuch unter dem Kopfkissen«. Tatsache ist, daß die Gedanken, die Sie beim Einschlafen haben, noch einige Stunden im Schlaf nachwirken. Im Traum kommen diese Gedanken und Zielvorstellungen dann auch mit Informationen Ihres unbewußten »Langzeitspeichers« in Kontakt, in dem Wissen steckt, das Sie längst vergessen haben und das Ihnen im Wachbewußtsein nicht mehr zugänglich ist.
Machen Sie es wie der Tischtennismeister. Legen Sie sich vorsichtshalber Block und Bleistift ans Bett, falls Ihnen unerwartet zündende Ideen kommen.
Wichtig ist, daß Sie Ihre Zielvorstellungen nicht gleich zu hoch stecken. Beginnen Sie mit ganz einfachen Dingen und steigern Sie sich dann langsam, stufenweise. Denken Sie daran: Die Vorstellung ist bereits der erste Schritt zur Realisierung. Durch die Kraft der bildhaften Vorstellung können Sie Ihr Schicksal, Ihre berufliche und private Entwicklung viel besser lenken.

Die Macht der bildhaften Vorstellung auf den Körper kann nach kurzem Training schon derart groß sein, daß, wenn Sie sich vorstellen, Sie halten Ihre linke Hand in einen Eimer Eiswasser, dieser Temperaturunterschied tatsächlich meßbar wird: Unterdurchblutungen in Haut und Gewebe sind feststellbar. Ebenso können Sie durch die Vorstellung, daß Sie Ihre rechte Hand in sehr heißes Wasser halten, in Kürze eine Gefäßerweiterung und Porenöffnung bewirken.

Der Autor Lindemann schreibt in seinem Buch über autogenes Training von einem Elektriker, der mit seinem Werkzeug an eine Starkstromleitung kam und auf der Stelle tot war. Er wies die typischen körperlichen Erscheinungen eines Starkstromschlages auf – obwohl sich hinterher herausstellte, daß die Leitung abgeschaltet war! Er starb durch die Macht der eigenen Vorstellung.

Ebenso berichtet Lindemann von einem Fernfahrer, der versehentlich in einen Kühlwaggon eingesperrt wurde. Man fand ihn am nächsten Tag mit Erfrierungen, obwohl die Kühlaggregate abgestellt waren und in dem Raum eine völlig normale Temperatur herrschte. Auch diese Erfrierungen waren also durch die »bloße« Vorstellung hervorgerufen worden.

Das sind Beispiele dafür, wie mächtig die menschliche Vorstellungskraft ist. Wir wollen diese Kraft nun auf positive Weise für unser tägliches Leben nutzbar machen. Für uns gilt das Motto: »Was ein Mensch sich vorstellen kann, das kann er auch verwirklichen.«

Vom Gedächtnistraining zur Menschenkenntnis

Nun, nachdem Sie Ihr Namens- und Gesichtergedächtnis trainiert haben, sollten Sie Ihren Blick auch etwas für Menschenkenntnis schärfen. Da Sie sich in flexiblem, bildhaftem Denken geübt und gelernt haben, Dinge mit raschem Blick zu erfassen, werden Sie die hervorstechendsten Eigenschaften und Eigenarten Ihres Gegenübers rasch erkennen. Sie werden in der Lage sein, schon nach einem kurzen Gespräch festzustellen, ob Ihr Gesprächspartner mehr strukturbegabt und realistisch oder mehr phantasievoll und idealistisch ist.

Die Einteilung der Menschen in Luft- und Erde-Typen hat sich als sehr sinnvolles Hilfsmittel zur Menschenkenntnis erwiesen.

Der *Luft-Typus* (Sanguiniker) strebt nach Kreativität und Unabhängigkeit. Da er die Idee mehr liebt als die Ausführung und das daraus resultierende Geld bzw. die Sicherheit, wird dieser Typ auch Risiken eingehen, auf gut Glück Ideen kreieren, reden, denken, planen, philosophieren. Dieses »luftige« Naturell hat natürlich auch seine negativen Seiten. Der Luft-Typus ist zwar spontan und kreativ, aber nicht sonderlich ausdauernd; seine Energie erlahmt rasch. Außerdem neigt er zur Labilität.

Der *Erde-Typus* (Phlegmatiker) strebt nach Sicherheit, achtet die Tradition, hält an Bewährtem fest, auch wenn die bestehenden Verhältnisse sich geändert haben. Er setzt Normen, schließt Verträge ab, pocht auf Einhaltung von – manchmal zu vielen – Gesetzen. Er hat einen guten Ordnungssinn und plant langfristig. Andererseits ist er manchmal zu starr, zu wenig flexibel, es fehlt ihm an originellen Ideen, Spontaneität und Initiative.

Luft
Verhalten eines Kreativen

+	–
freundlich	oberflächlich
lebhaft	nicht belastbar
kontaktfreudig	unbeherrscht
fröhlich, beschwingt	unbeständig
beweglich, wendig	labil
anpassungsfreudig	eitel, selbstgefällig
anteilnehmend	leicht erlahmende Energie
offenherzig	verstimmbar

157

Erde
Verhalten eines Praktikers

+	–
zäh, hartnäckig	stur, unbeweglich
stetig	nicht erregbar
treu	passiv
besonnen	ohne Initiative
durchschlagskräftig	uneinsichtig
pflichttreu	mißtrauisch
nüchtern, realistisch	schwermütig
praktisch	gehemmt, menschenscheu

Es gibt auch typische Luft- und Erde-Tätigkeitsfelder, wie z. B.

Luft	**Erde**
Künstler	Manager
Schriftsteller	Verleger
Werbetexter	Agenturleiter
Kreativer	Produzent
Erfinder	Firmeninhaber
Redner	Veranstalter
Zeichner	Bankier
Lehrer	Beamter

Luft-Menschen sind wie Vögel, sie denken und leben ungebunden. Der Luft-Mensch liebt die Idee um der Idee willen. Luft-Menschen sind kreativ und haben Ideen.

Erde-Menschen sind konservativ. Der Erde-Mensch liebt nur die bewährte Idee, die Idee um der praktischen Anwendung willen.

Beide Typen sollten sich gegenseitig akzeptieren. Die reißverschlußartige Vernetzung beider Denkweisen ist das

Ideal, das praktisches Vorwärtskommen ermöglicht. Das hat sich in der Vergangenheit immer wieder gezeigt. Künstler wie Leonardo da Vinci brauchten einen Geldgeber (damals der Papst), der die Farbe für die großen Gemälde bezahlte. Könige als Geldgeber hatten oft einen kreativen Beraterstab. Der Unternehmer sucht gern den Rat des Unternehmensberaters, wenn er in eine Marketing-Sackgasse gerät. Luft und Erde treffen sich, so wie im Frühjahr der Boden durch eine Hacke gelockert wird. Dieses Luft-Erde-Modell läßt sich auch auf Ihren Gesprächspartner anwenden. Beobachten Sie zunächst einmal sich selbst. Sind Sie eher ein Luft-Typus oder ein Erde-Typus? Welche der oben genannten Eigenschaften überwiegen bei Ihnen? Nur was Sie an sich selbst sehen, erkennen Sie auch bei anderen. Nur was wir uns bei uns selbst bewußt gemacht haben, sehen wir auch außen.

Beobachten Sie, wo Ihr Gesprächspartner fest (Erde) und wo er locker (Luft) ist – welches der beiden gegensätzlichen Elemente bei ihm überwiegt. Dann können Sie besser einschätzen, wo seine Stärken und Schwächen liegen, und sich entsprechend verhalten. Luft-Typen sind im Geschäftsleben seltener geworden, die Anzahl der Erde-Menschen nimmt zu. Luft-Typen säen, Erde-Menschen sind auf das Ernten spezialisiert. Vollkommenheit wäre, beides zu besitzen.

Wenn Sie Bildverknüpfungen bei Kindern beobachten, die so spontan und rasch vonstatten gehen, daß der Erwachsene beinahe neidisch wird, werden Sie feststellen: *Kinderdenken ist luftiger.*

Wir sollten uns bemühen, unser bildhaftes Denken ebenfalls luftiger, freier, phantasievoller und origineller zu gestalten.

Ein entscheidender Schritt dazu ist das bewußte, systematische Gedächtnistraining mit Hilfe von Bildern und Assoziationen.

Den ersten, entscheidenden Schritt – das Bilden von Verknüpfungen und die Ausbildung eines visuell orientierten Gedächtnisses – haben Sie nun bereits bewältigt. Das ist die Grundvoraussetzung. Mit ein wenig Training wird es Ihnen bald gelingen, sich nicht nur Namen und Gesichter mühelos einzuprägen, sondern auch Vokabeln, Termine, Wissensstoffe aller Art, Reden, Vorträge, historische und politische Daten, Gesetzestexte... Die Liste ließe sich endlos fortsetzen. Die Anwendungsmöglichkeiten der Verknüpfungsmethode sind nahezu unbegrenzt.

Auf ein perfektes Gedächtnis und eine phantasievolle, kreative Neugestaltung des Alltags!

Ihr Gedächtnistrainer

Roland R. Geisselhart

Falls Sie noch Fragen zum Thema Gedächtnistraining haben, wenden Sie sich bitte an

Roland R. Geisselhart
Postfach 2904
7990 Friedrichshafen 1

Nähere Informationen über die Seminare erhalten Sie auf Anfrage.